Für

Musch, Molly, Whisky, Hanni, Lissy, Tom, Jerry,
Susi, Strolch, Fräulein Schmidt, Minka, Paul,
Garfield, Purzel, King , Blacky, Pünktchen,
Miss Marple, Findus, Elvis, Felix, Emmy, Lady,
Diva, Enno, Gismo, Sina, Flöckchen, Bob, Max,
Rocky, Sammy, Tommy, Luna, Mia, Murmel,
Amy, Charly, Ronny, Flo, Shiva, Miss Kitty, …

und alle wunderbaren Samtpfoten, die unser
Leben bereichern.

Der Mensch und seine Katze

Tierpsychologisches Dossier von Heike Heinz-Wittenberg

Bibliografische Information der Deutschen Nationalbibliothek:
Die Deutsche Nationalbibliothek verzeichnet diese Publikation in
der Deutschen Nationalbibliografie; detaillierte bibliografische
Daten sind im Internet über dnb.dnb.de abrufbar.

© 2020 Heike Heinz-Wittenberg

Herstellung und Verlag: BoD – Books on Demand, Norderstedt
ISBN 978-3-7504-5247-3

Cover: Idee/Layout: Heike Heinz-Wittenberg
Bearbeitung: Ingo Wittenberg

Fotos/Illustrationen: pixabay.com

Lektorat: Robert Geyer, bulldogpress.de

1. Auflage

Katzenliebhaber sind in dem Sinne anders, dass sie keine eingerosteten Typen sind. Wie sollten sie auch, mit einer Katze, die ihr Leben bestimmt.

(Dr. Louis J. Camut)

Inhaltsverzeichnis   Seite

Wirklich großartig ist, dass es Katzen in allen Varianten gibt. Man findet sie passend zu der Art der Persönlichkeit und der Laune. Aber unter dem Pelz lebt unverändert eine der freiesten Seelen der Welt.

(Eric Gurney)

Einleitung

Der Titel dieses Buches muss eigentlich heißen: Die Katze ist der Boss.

Untertitel: Wenn Sie dies nicht ertragen können, sollten Sie mit einem Hund liebäugeln.

Ich hoffe, Sie schmunzeln jetzt, denn dann werden Sie das Lebewesen Katze verstehen können und wollen.

Es gibt drei Möglichkeiten, warum Sie sich für diese Lektüre entschieden haben:

1. Sie möchten sich in naher Zukunft in das Abenteuer der Katzenhaltung begeben.

2. Sie legen Wert auf eine „kompakte Bedienungsanleitung" für Ihre Schmusekatze.

3. Ihre Katze bereitet Ihnen Kummer, und Sie brauchen „Erste Hilfe" für ein entspanntes Miteinander.

Zuerst einmal möchte ich vorausschicken, dass in vielen Fällen, in denen das Tier augenscheinlich nicht richtig tickt, der Halter eine Mitschuld trägt, wenn auch meist unwissentlich. Das ist prima, denn Ihnen kann geholfen werden. Für mich ist es wesentlich einfacher, wenn ich Ihnen den Spiegel vorhalten kann, als wenn ich das Verhalten der Katze beeinflussen soll.

Im Grunde müssen Sie als Halter etwas ändern, dann ändert auch die Katze etwas – vielleicht.

Wenn eine Mieze sich ihren Menschen aussuchen dürfte, dann wäre ihr Favorit mit Sicherheit ein ausgeglichener Leisetreter, der auf Gummisohlen katzengleich durchs Leben schleicht.

Probleme in der Katzenhaltung gibt es demnach oft mit lauten Menschen und Familien, Polterern, ungeduldigen Menschen, aufbrausenden Menschen - dagegen fast nie mit ruhigen, geduldigen Vertretern der Gattung Homo sapiens. Leute, denen Humor und Herzensbildung eigen sind, finden besonders gut Zugang zu Tieren. Dies gilt insbesondere für ein so sensibles Lebewesen, wie die Katze eines ist.

Da im Allgemeinen das Leben aber kein Wunschkonzert ist, auch nicht das der Katze, wird sie gegen gewisse Umstände rebellieren, demonstrieren, protestieren und mit Verachtung strafen. Das ist bis zu einem gewissen Grad okay. Wie sollte sie sonst ihren Unmut äußern?

Ich habe viele dieser wunderbaren Wesen kennenlernen dürfen, und Sie können mir glauben: Ich kenne keine zwei Katzen, die vom Charakter her gleich sind. Wahrscheinlich aber ist es genau das, was uns an diesen eleganten Tieren fasziniert.

Der Mensch und seine Katze können sich so viel geben - wenn alles passt.

Im ersten Teil dieses Buches gehe ich darauf ein, was die Katze braucht und von Ihnen erwarten darf. Wenn Sie Ihre Samtpfote wie beschrieben behandeln, werden Sie voraussichtlich keine Probleme kennen. Den zweiten Teil widme ich den Vierbeinern, die Verhaltensstörungen entwickelt haben, weil Bedürfnisse nicht erfüllt werden, bzw. die Umstände in einem früheren Leben nicht optimal waren.

Das Vorleben einer Tierheim-Katze, zum Beispiel, hat einen großen Anteil am weiteren Verhalten dieses Tieres. Lesen Sie bitte unbedingt diesen ersten Teil. Vielleicht findet sich schon hier die ersehnte Antwort, und eine Lösung scheint in greifbarer Nähe.

Nun - welche Samtpfote verbringt denn ihr aufregendes Leben bei Ihnen? Die Kratzbürste oder der Jäger? Die Mäkelige oder das Faultier? Die Gefährtin oder gar der Eremit?

Ganz egal. Jede Katze ist eine einzigartige Persönlichkeit, die genau so geliebt und akzeptiert werden will, wie sie nun mal ist. Und Sie sind eine/r von Millionen von Menschen, denen die Katze trotz oder gerade wegen ihres Selbstbewusstseins das liebste Haustier ist.

Doch vom Wesen her ist auch die anschmiegsamste Katze ein wildes Tier, da sie nicht in gleichem Maße domestiziert ist wie der Hund, so dass sich in der Haltung durchaus Probleme ergeben können.

Denn das Verhalten der Katze ist zum großen Teil angeboren. Ein ebenso großer Teil ist vererbt. Und nur auf den kleinsten Teil haben wir einen gewissen Einfluss. Das sollten Sie sich vor Augen halten.

Als Beispiel nenne ich das Wetzen der Krallen. Es handelt sich um ein angeborenes Verhalten. Ihre Katze wird die Krallen wetzen – am Kratzbaum, am Teppich, am Baum oder am Sofa. Dieses angeborene Verhalten werden Sie nie ändern können, aber einen gewissen Einfluss auf den Ort des Krallenwetzens haben Sie schon.

Es nützt übrigens gar nichts, wenn Sie Ihre Katze bestrafen, sollte die sich ausgerechnet das Sofa ausgesucht haben. Sie hat für ihr Tun einen Grund, den es herauszufinden gilt. Eine Strafe ist sinnlos und wirkt sich auf ihre Mietze dahingehend negativ aus, dass sie ihr Vertrauen verlieren kann, und dass sie Angst vor Ihnen entwickeln wird, aber das angeborene Krallenwetzen wird es nicht verhindern können. Das Gegenteil ist der Fall. Sie wird die Krallen nur noch dann schärfen, wenn Sie nicht in der Nähe sind. Darauffolgende neuerliche Bestrafungen richten Schaden bei Ihrer Katze an. Aus der Angst vor Ihnen könnten sich sogar ernsthafte Verhaltensstörungen entwickeln.

Es gibt Aussagen, dass man einem Tier unliebsames Verhalten abgewöhnen könne, indem man es mit Wasser erschreckt, mit einer Trillerpfeife pfeift oder es mit dem empfindlichen Näschen in seine eigenen Exkremente tunkt. Diese Arten der Bestrafung führen zu absolut nichts - wie auch Schimpfen im Nachhinein -, da Ihr Haustier die Schimpferei nicht mit dem eigenen Tun in Verbindung bringt. Das Einzige was hilft ist Ruhe bewahren, sich in Geduld üben und striktes Ignoranzverhalten Ihrerseits dem unerwünschten Verhalten der Katze gegenüber. Ich werde darauf noch bei der Problembewältigung zu sprechen kommen.

Sie können allerdings darauf einwirken, dass Ihre Fellnase gewisse Regeln lernt. Bedenken Sie bitte: Alle Bemühungen brauchen Zeit, und Sie werden einen langen Atem entwickeln müssen, um das Katzenverhalten in eine Richtung zu lenken, mit der Sie und auch ihr Tier leben können.

Denn, wir dürfen nie vergessen: Eine Katze möchte einfach nur Katze sein. Ihr Verhalten hat einen tieferen Sinn, der sich uns Menschen nicht ohne weiteres erschließt und uns Rätsel aufgibt, die wir in derer und unserem Interesse lösen müssen, um ungetrübte Freude aneinander zu haben.

Manche Hinweise oder Formulierungen werden in diesem Büchlein wiederholt, um die Wichtigkeit der jeweiligen Aussage zu unterstreichen oder weil für ein Problem mehrere Lösungsansätze stehen.

Auf die meisten Fragen über die Katze gibt es
keine Antworten. Sie hat sich selbst 3000
Jahre lang in Geheimnisse gehüllt und es hat
keinen Sinn, sie jetzt begreifen zu wollen.

(Virginia Roderick)

Eine gute Frage:

Soll ein echtes Tier unter den Weihnachtsbaum,

oder doch besser eines aus Plüsch?

Ihr Kind wünscht sich so sehr ein Haustier, aber Sie sind eher unsicher, ob Ihr Lebensstil oder Ihr Umfeld sich mit einem Tier vereinbaren lassen.

Beim geringsten Zweifel lassen Sie es bitte sein.

Eines ist ganz klar: In letzter Konsequenz werden immer Sie als Erwachsener für das Wohl des Tieres verantwortlich sein.

Ein Kind kann helfen, das Tier zu versorgen. Aber alleine sollte kein Kind für ein Lebewesen die Verantwortung tragen müssen, weil es diese Aufgabe nicht zu leisten vermag.

Antwort:

Kaufen Sie unbedingt zunächst ein Tier aus Plüsch.

Diese Antwort gilt im Übrigen auch, wenn **alle** Familienmitglieder zu dem Entschluss gekommen sind, dass der tierische Familienzuwachs herzlich willkommen ist.

Bitte setzen Sie auch dann kein Tier unter den Weihnachtsbaum.

Warten Sie das neue Jahr ab, bis die stressigen und mitunter turbulenten Feiertage vorbei sind. Erst dann werden Sie mit Sicherheit die Bedürfnisse des neuen Familienmitgliedes erfüllen können.

Im Januar sind viele Tierheime voll von Katzen und anderen Tieren, die ohne Nachdenken als Weihnachtsgeschenk angeschafft und kurzerhand wieder „entsorgt" wurden. Dort können Sie sich dann – bitte nach Abwägung des Für und Wider - Ihre Mieze aussuchen.

Endlich Urlaub!

Was Sie als Halter freudig verkünden, ist für Ihre Katze der reinste Horror. Schon im Vorfeld merkt sie an den Aktivitäten in der Familie, dass sich was zusammenbraut. Irgendwas ist im Busch.

Die denkbar schlechteste Variante ist die, Ihre Katze mit in den Urlaub zu nehmen. Anders als der Hund, ist die Katze nicht Rudel-bezogen, sondern Umfeld-bezogen. Das heißt: Die Zweibeiner sollen ruhig fahren, die Vierbeiner wollen nicht mit.

Idealerweise kümmern sich Nachbarn oder sonstige Bekannte um die Daheimgebliebenen. Wenn Sie Niemanden haben, der das übernehmen kann, denken Sie bitte sehr rechtzeitig im Jahr an eine Anmeldung in der Katzenpension. Dort können Sie in der Regel die Katze ohne Bedenken unterbringen. Sehen Sie sich das vorübergehende Zuhause Ihres Familienmitgliedes allerdings im Vorfeld sehr genau an. Welchen Eindruck haben Sie? Was sagt Ihr Bauchgefühl? Auch können nur unproblematische Katzen in eine Pension abgegeben werden. Für die abzugebende Katze müssen alle Grundimpfungen per Impfpass nachgewiesen werden, und in den meisten Fällen wird bei der Abgabe auf Zeit eine Parasitenbehandlung per Spot-on im Beisein der Katzenpension-Mitarbeiter durchgeführt. Sollte Ihre Katze allerdings bereits eine Verhaltensauffälligkeit oder eine Phobie entwickelt haben, z. B. weil sie von Erstbesitzern gequält wurde oder ähnliches, dann ist die Abgabe in der Katzenpension nicht die beste Lösung.

Auch wenn Sie ein altes oder krankes Tier haben, ist eine Einzelbetreuung angezeigt. Sensible Katzen leiden in einer Katzenpension, und oft werden sie Opfer von Mobbing.

Für die letztgenannten Katzen wäre auf jeden Fall die Betreuung zuhause, entweder durch Nachbarn, Verwandte, Freunde oder durch einen professionellen Katzensitter ratsam. Auch in dem Fall sollten Sie früh im Jahr aktiv werden, um noch einen Sitter mit freien Kapazitäten zu finden.

Ein guter Katzensitter wird vorab zu Ihnen nach Hause kommen, um Ihr Tier kennen zu lernen, und alles was er tun oder lassen soll, vertraglich mit Ihnen festhalten. Er wird etwa eine Stunde täglich bei Ihrem Tier verbringen, um dieses nicht nur satt und sauber, sondern auch bei Laune zu halten, zu streicheln, spielen und kuscheln (soweit die Katze das zulässt). Ein versierter Katzensitter wird Ihnen eine Rechnung ausstellen und Ihnen die Möglichkeit zur Überweisung geben, da Sie 20% der Unkosten als haushaltsnahe Dienstleistung beim Lohnsteuerjahresausgleich absetzen können.

Fragen Sie auf jeden Fall nach einer entsprechenden Qualifikation des Katzensitters. Schließlich wollen Sie wissen, wer in Ihr Haus kommt, und ob derjenige überhaupt etwas von Katzen versteht. Vielleicht möchten Sie auch ein polizeiliches Führungszeugnis sehen, immerhin händigen Sie Ihren Haus- oder Wohnungsschlüssel aus.

Dann steht Ihrem wohlverdienten Urlaub zumindest die Sorge um die Miezekatze nicht mehr im Wege.

Die Katze hat sich vorgenommen, dem
Menschen ein Rätsel zu bleiben.

(Eugen Skasa-Weiss)

Anschaffung

Unser Zusammenleben mit einer Katze streichelt nicht nur die Seele, sondern Mensch und Tier profitieren auf vielfältige Weise voneinander.

Verschiedene Studien zeigen, dass Kinder, die mit Tieren aufwachsen dürfen, in der Regel ein höheres Selbstvertrauen besitzen, deutlich mehr Verantwortungsbewusstsein entwickeln und in ihrer Sozialkompetenz positiv für ihr Leben geprägt werden. Auch ältere Menschen, die sich um ein Tier kümmern, haben mehr soziale Kontakte, sind aktiver, leiden nachweislich seltener unter Depressionen. Selbst eine Verbesserung von Schlafproblemen und hohem Blutdruck werden durch die Haltung von Tieren begünstigt.

Sollten Sie oder ein anderes Familienmitglied unter einer Tierhaar- oder Hausstaub-Allergie leiden, ist das Zusammenleben mit einem Haustier äußerst schwierig, ja leider sogar unmöglich.

Jeder, der eine Weile mit einer Katze zusammengelebt hat, weiß, dass sie unendlich viel Geduld mit den Grenzen des menschlichen Verstandes hat.

(Cleveland Amors)

Wo bekomme ich meine Katze her?

Tierheim: Das Naheliegendste ist natürlich, im nächsten Tierheim nachzufragen. Dort gibt es Katzen in allen Altersstufen und der Vorteil hier liegt darin, dass die Tierheimmitarbeiter oft schon viel über „Ihre" Katze zu berichten wissen. Besonders erwachsene Tiere ab ca. 3 Jahren zeigen ihren gefestigten Charakter, und Aussagen über diese Katzen sind in der Regel verlässlich. Außerdem sind Tierheimkatzen bereits kastriert, geimpft, gechippt und entwurmt. Dafür ist eine Abgabegebühr zu entrichten, bevor eine Katze die Ihre werden darf. Allerdings geben Tierheime junge Kätzchen fast nur noch im „Doppelpack" ab. Was sich anfangs als niedlich erweist, könnte sich mit Erreichen der sozialen Reife zum Problem auswachsen, da selbst Geschwisterkätzchen zu Gegnern werden können (s. auch zweiter Teil). Die Herausgabe von nicht nur einem Kätzchen wird damit begründet, dass die Katze die Gesellschaft von Artgenossen brauche oder über Tag nicht alleine sein soll, während Sie Ihrer Arbeit nachgehen.

Seien wir ehrlich: Wenn Sie als Halter/in über wenig Freizeit verfügen, sollten Sie ganz und gar auf ein Tier verzichten.

Freigänger-Katzen haben ihren Kontakt mit Artgenossen bei Reviergängen draußen, wenn sie wollen. Unsere Hauskatzen sind mehrheitlich Einzelgänger. Das ist daraus begründet, dass sie von der Falbkatze abstammen, deren wilde Nachfahren auch heute noch in den trockenen Regionen Afrikas leben und nur gelegentlich Gesellschaft suchen. Die Evolution hat viele der ursprünglichen Eigenheiten dieser Ur-Katze in unseren heutigen Katzen belassen.

Bei einem Einzeltier ist es artgerecht, wenn es via Katzenklappe sein freies Katzenleben genießen darf. Wenn Sie mehr als ein Kätzchen aufnehmen, achten Sie bitte auf Gleichgeschlechtlichkeit anstatt ein Pärchen zu wählen. Das funktioniert meiner Erfahrung nach besser. Auch die Altersklasse sollte weitgehend identisch sein. Im Idealfall haben sich zwei Katzenkumpel/-mädchen im Tierheim dicke angefreundet, die sollten natürlich auch zu zweit ins neue Zuhause ziehen dürfen.

Bitte bedenken Sie: Eine Katze, die artgerecht und liebevoll gehalten wird, kostet viel Zeit und viel Geld. Jede weitere Katze kostet noch mehr Zeit und noch mehr Geld. Es ist keineswegs so, dass die Katzen sich selbst genug sind. Alle Tiere wollen einen großen Anteil von der Aufmerksamkeit des Besitzers haben, und alle wollen gesund sein, und alle wollen fressen.

Züchter: Wenn Sie eine Rassekatze haben möchten, dann nehmen Sie sich vorher genügend Zeit, um herauszufinden, welche Rasse am besten zu Ihnen und Ihrem Lebensmodell passen könnte. Zum Beispiel sind Maine Coon, British Kurzhaar oder Perser gut geeignete ruhige Wohnungskatzen, wobei gerade die letztere ein aufwendiges Fellpflegeprogramm für sich beansprucht. Achten Sie bei den beiden letztgenannten Rassen darauf, dass wieder mehr Näschen zu sehen ist, da sie sonst zu den Qualzuchten zählen, bei denen die Nase fast ganz weggezüchtet wurde.

Verzichten Sie bitte überhaupt bewusst auf Qualzuchten. Sie werden diesen Begriff vielleicht schon im Zusammenhang mit Hunden, wie dem Mops, oder auch der Französischen- oder Englischen Bulldogge gehört haben, um nur wenige Hunderassen hier zu nennen. Dies gilt für Katzenrassen, wie Sphinx-, Manx- und Rex-Katzen, genauso, wie für die „Modehunde". Diese Rassetiere werden ihr Leben lang leiden, und Sie werden viele Stunden bei Tierärzten verbringen. Sphinx-Katzen, zum Beispiel, sind nackt. Angeblich sind sie daher für Allergiker geeignet. Dem ist nicht so, weil auch diese Katze Hautschuppen verliert, welche in Wirklichkeit die Allergien auslösen. **Wenn Sie Allergiker sind, sollten sie, wie bereits erwähnt, auf ein Haustier ganz verzichten.** Auch die Scottish Fold entspricht mit ihrem Aussehen leider dem beliebten Kindchenschema, und sieht mit ihren kurz angeklappten Ohren besonders niedlich aus. Das Tier wird unter dem Ausdruck ihres Gendefektes durch Knochen- und Knorpelgelenkdegenerationen zunehmend unter Schmerzen leiden.

Weiße Katzen mit blauen Augen sind unter Umständen taub. Dies gilt in der Regel nicht für Point-Katzen, die weiß zur Welt kommen, aber bis zum Erwachsenenalter ihre Zeichnung und Fellfarbe ausbilden.

Möchten Sie eine Rassekatze haben, die sich mitunter lautstark mitteilt und lebhaft ist, so wäre beispielsweise eine Siamkatze geeignet. Die Orientalen folgen ihren Menschen normalerweise auf Schritt und Tritt und fühlen sich in einer Gruppe von Artgenossen wohl.

Auch die großen Ragdoll-Katzen eigenen sich für die Wohnungshaltung, wobei sie sehr anspruchsvoll sind. Fast hundegleich verfolgen sie ihre Menschen überall hin, und sie brauchen sehr viel Aufmerksamkeit. Sollten Sie nicht übermäßig viel Freizeit haben, dann verzichten Sie auf jene Rasse. Vergesellschaften Sie Ragdolls auf jeden Fall mit geeigneten Artgenossen.

Die zuletzt beschriebenen Rassen sollten also, entgegen der Einzelgänger-Theorie, zu mehreren gehalten werden, da sie nicht allein sein wollen. Erkundigen Sie sich vor der Anschaffung Ihrer Wunschkatze bitte genau anhand eines Rasseporträts, um Schwierigkeiten in der Haltung wegen des artbedingten Charakters zu minimieren. Unglaublich aber wahr: Es gibt auch Katzen, die nicht wasserscheu sind, wie die Turkish Van. Soll Ihr Vierbeiner sein Katzenleben draußen genießen dürfen, dann würde ich zur normalen Hauskatze tendieren. Hier darf ich Sie gerne darüber aufklären, dass es sich auch bei der sprichwörtlichen Straßenkatze, um eine anerkannte Rassekatze handelt, die EKH (Europäisch Kurzhaar). Bei Kitten dieser Sorte bekommen Sie ein Überraschungspaket, und es kann alles passieren. Zurzeit sind auch Bengalkatzen oder Savannah sehr beliebt, aus deren Haltung sich aber oft Probleme ergeben, da sie durch ihre Ursprünglichkeit sehr wild sein können.

Wie Sie schon bei dieser kurzen Darstellung erkennen, gibt es sehr viele Rassekatzen mit individuellen Verhaltensweisen. Daher ist die genaue Information über die einzelnen Rassen unabdingbar.

Wenn Sie sich darüber im Klaren sind, dass es eine Rassekatze sein soll, dann möchte ich Sie bitten, den Züchter genauestens unter die Lupe zu nehmen. Die Kleinen dürfen nie unter dem Alter von 12 Wochen abgegeben werden. Diese Zeit brauchen sie, um von ihrer Mutter alles zu lernen, was für ihr weiteres Leben wichtig ist. Das Kätzchen sollte gut sozialisiert sein, das heißt, es sollte Alltagsgeräusche kennen und erkennbar keine Angst vor Menschen haben. Bei dem Züchter selber muss es sauber sein, die Elterntiere und weitere Geschwister sollten Sie sich ansehen können. Das Abgabekätzchen muss mit Papieren, geimpft und entwurmt abgegeben werden. Ein Starterkit mit dem gewohnten Futter und eventuell ein Spielzeug oder eine Decke mit dem Geruch von Mutter und Geschwistern, machen den Neuanfang, fern der gewohnten Umgebung, für das Kätzchen etwas leichter. Seien Sie sich darüber im Klaren, dass ein solch liebevoll aufgezogenes Tier teuer ist. Rassekatzen sind nicht zum Schnäppchenpreis zu haben. Kaufen Sie daher keinesfalls Katzen aus zweifelhaften Quellen, aus dem Kofferraum heraus auf einem Parkplatz oder die schon angesprochenen Qualzuchten aus dem Internet. In der Anschaffung sind diese armen Geschöpfe günstig, aber Sie können davon ausgehen, dass diesem Tier und Ihnen eine kostspielige Leidensgeschichte droht.

Bauernhof oder Privat: Es bleibt noch die Möglichkeit, ein Kätzchen vom Bauernhof zu adoptieren oder aus privater Haltung zu übernehmen. Achten Sie auch hier darauf, dass dieses Kätzchen nicht zu früh der Mutter entrissen wird und es Menschen und Alltagsgeräusche gewohnt ist. Denn der Charakter und die Menschenbezogenheit des Kätzchens formen sich zwischen der 2. und 7. Lebenswoche. Ein isoliert, in einem Heuschober aufgewachsenes Tier, wird mit hoher Wahrscheinlichkeit niemals so zahm werden, wie Sie es gerne haben möchten.

Gönnen Sie Ihrem tierischen Familienzuwachs eine angemessene Eingewöhnungszeit.

Für alle Neuankömmlinge gilt es gleichermaßen, Vertrauen zu Ihnen aufzubauen. Warten Sie, bis sich das Tier von selbst nähert, begeben Sie sich eventuell auf Augenhöhe, lassen Sie die Katze an Ihrer Hand schnuppern oder locken sie mit einem Leckerli. Wichtig ist, dass das neue Familienmitglied sein neues Zuhause in eigenem Tempo erkunden darf, und verbringen Sie möglichst viel Zeit miteinander.

Für die EKH (Europäische Kurzhaar) halte ich ein Zuhause mit Freigang für die artgerechtere Haltung, allerdings sind die Möglichkeiten in der Stadt dafür eher schlecht. Für Rassekatzen ist die Wohnungshaltung definitiv die bessere Variante.

Sollten Sie Ihrer Katze Freigang ermöglichen wollen, so ist auf diesen die ersten 4-6 Wochen im neuen Zuhause zu verzichten, bis die Samtpfote weiß, wo sie hingehört und sicher wieder zu Ihnen zurückfindet.

Ein Tipp: Geben Sie Ihrem neuen Familienmitglied einen kurzen Namen der mit einem Vokal wie a, e oder i endet. Die Chance, dass ihre Katze nach Gewöhnung auf ihren Namen hört ist damit deutlich höher.

Ganz wichtig: Lassen Sie ihr neues Familienmitglied kastrieren, chippen, entwurmen, impfen, per Spot-on von Parasiten befreien und melden Sie es bei Suchportalen wie Tasso e.V. oder Findefix.de an. Wenn Ihre Fellnase durch ein Tierheim vermittelt wird, ist dies alles in der Regel bereits geschehen.

Ihr Kätzchen ist ausgewählt. Nun liegt die Verantwortung für das
weitere Leben dieses kleinen Wesens für viele, viele Jahre in
Ihren Händen.

Damit deine Katze bei dir bleibt, musst du
ihr drei Dinge schenken: Geduld,
Konsequenz und einen warmen Platz am
Ofen.

(Jakob Paradis)

Erster Teil

Die Grundbedürfnisse der Katze

Kommen wir zu den elementarsten Bedürfnissen, die Ihre Katze hat, und die Sie befriedigen sollten. Nur wenn diese erfüllt sind, werden sie miteinander glücklich und zufrieden, denn dieses Haustier wird Ihr Sozialpartner, ein Teil Ihrer Familie sein. Es ist von Ihnen abhängig, und Sie sind für das Wohl dieses Tieres verantwortlich. Die Grundbedürfnisse dauern das ganze Tierleben lang an und das ein oder andere wird sich noch verstärken, je älter das Tier wird. Geben Sie der Katze Zeit, um zu lernen. Bleiben Sie gelassen, ruhig, und haben Sie Geduld bei allem was sie in Bezug auf die Katze machen. Konflikte mit Ihnen als Halter, Stress, oder auch Mobbing durch Artgenossen beeinflussen Ihr Tier negativ. Nicht selten entstehen daraus zwanghafte Verhalten, wie übermäßiges Putzen und Fressstörungen, mit häufigem Erbrechen oder Appetitlosigkeit. Auch Unsauberkeit oder plötzliche Aggressionen gegenüber Menschen und Artgenossen können ein Hinweis auf chronischen Stress sein. Sollte Ihre Katze sich zurückziehen und jeglichen sozialen Kontakt meiden, ist die Wahrscheinlichkeit einer Erkrankung oder einer fortgeschrittenen Verhaltensstörung gegeben. Spätestens jetzt müssen Sie handeln und Ihr Tier dem Arzt vorstellen.

Damit es gar nicht erst soweit kommt, erfahren Sie hier die fünf goldenen Regeln in der Katzenhaltung:

- **Beschäftigung und Spiel**
- **Rückzugsorte**
- **Bedarfsgerechte Ernährung**
- **Artgerechte Haltung**
- **Gesundheitsfürsorge**

Ich stelle es mir großartig vor, Katze zu sein. Du kommst und gehst, wie es dir passt, wirst gefüttert und gestreichelt. Niemand erwartet viel von dir. Du kannst mit den Menschen spielen und wenn du genug hast, gehst du einfach weg. Du kannst dir deinen Umgang aussuchen. Mehr kann man nicht verlangen.

(Patricia McPherson)

Beschäftigung und Spiel

Nichts fördert und stärkt die Mensch-Tier-Beziehung so sehr wie **gemeinsames** Spielen und Beschäftigung. Die Katze baut mit über den Tag verteilten Spieleinheiten und Jagdsequenzen Aggressionen ab und schult ihre motorischen Fähigkeiten. Das Spiel lindert Anspannung, befriedigt den natürlichen Jagdtrieb, eliminiert Frust und kanalisiert Verhaltensauffälligkeiten. Spielen Sie regelmäßig mit Ihrer Samtpfote. Gut geeignet sind kleine Stoffmäuse oder Papierbällchen. Die Jagd ist doch das größte Hobby der Katze (außer Schlafen). Eine Katzen-Angel mit Beutemaus ist für die Jagdsequenz die beste Wahl. Lassen Sie Ihren Stubentiger sich anschleichen, sich kauern, sprinten, das Beutetier ergreifen und sich daran abarbeiten. Es werden im Handel Laserpointer angeboten, deren Lichtpunkt Katzen dazu animieren soll, diesem hinterherzujagen. Was gut gedacht ist, erfüllt aber nicht seinen Zweck. Dadurch, dass es bei dem Laserpointer-Spiel niemals etwas zu erbeuten gibt, frustriert es die Katze eher wegen des fehlenden Jagderfolgs. Daher rate ich meinen Kunden davon ab.

Da Katzen über eine angeborene Rot-Grün-Sehschwäche verfügen, sollten sie nach Möglichkeit die Utensilien in anderen Farben wählen.

Katzen sind sehr neugierig. Überlassen Sie ihr ab und an einen Karton oder irgendetwas von „draußen" zum Erkunden. Geben Sie ihr ein Katzenminze-Schmusekissen, und machen Sie der Mieze Freude mit einer Klopapierrolle, die sie nach Katzenart bearbeiten und zerpflücken darf.

Wechseln Sie von Zeit zu Zeit das Spielzeug aus, wie man es auch bei Kindern tun würde.

Bieten Sie Ihrer Samtpfote unbedingt einen zum Alter passenden Kratzbaum an. Im günstigsten Falle steht dieser nicht in irgendeiner Ecke so unauffällig wie möglich, sondern ist nah bei den Menschen, z. B. im Wohnzimmer. Gerne wird dieser, platziert am Fenster, als Aussichtspunkt genutzt. Bei jungen Katzen reicht der Kratzbaum am besten bis zur Decke, mit vielen Höhlen und Zwischenstufen zum Ausruhen. Im Alter reicht der Katze meist ein stabiler Kratzbaum, an dem sie auf dem Boden stehend ihre Krallen wetzen kann. Dieser sollte so hoch sein, dass ihre Katze sich beim Kratzen ganz ausstrecken kann. Der Kratzbaum wird auch unter dem Punkt „Artgerechte Haltung" noch erwähnt werden, aber sie können den Kratzbaum wunderbar beim Spielen mit der Katzen-Angel integrieren.

Auch wenn Freigänger sich draußen austoben sollte das Spielen zuhause wegen der Mensch-Tier-Bindung selbstverständlich sein.

„Meine Katze spielt nicht", ist eine Ausrede, denn mit Geduld können Sie jede Samtpfote dazu animieren. Alleine Spielen ist halt doof, und die Zeit zum gemeinsamen Spiel müssen Sie sich schon nehmen.

Eine sehr einfache Art des Miteinanders ist das Erarbeiten des Leckerlis. Geben Sie Ihrem Stubentiger diese nicht einfach so nebenbei, sondern werfen sie die begehrten Knabbereien und lassen Ihr Tier hinterherrennen, die „Beute" suchen und dann als Belohnung fressen. Manche Katzen lieben es, ihr Futter aus Verstecken zu angeln.

Der Bereich Beschäftigung und Spielen nimmt sehr viel Raum ein. Nur eine ausgelastete und beachtete Katze ist eine glückliche Katze.

Das Leben und dazu eine Katze, das ergibt
eine unglaubliche Summe, ich schwör´s euch!

(Rainer Maria Rilke)

Rückzugsorte

Ihre Katze ist ein Lebewesen, das Respekt verdient. Wenn sie keine Lust zum Spielen hat oder nicht gestreichelt werden will, muss man sie in Ruhe lassen.

Tiere sollten beim Fressen und Schlafen niemals gestört werden. Die Mieze ist weniger als die Hälfte des Tages richtig aktiv, wozu auch das Jagen und die Erkundung des Geländes zählt. In den restlichen Stunden des Tages schläft oder döst sie. Eine Katze schläft fast ausschließlich in ihrer Kernzone richtig fest ein, also im Haus oder auf der Terrasse, gerne auf einem erhöhten und weichen Platz wo sie sich sicher fühlt oder auf einem anderen ruhigen Platz, der ihr gerade zusagt.

Fress- und Schlafplatz müssen für alle im Haus befindlichen Katzen jederzeit gut erreichbar und als Rückzugsort und Ruhezone sicher sein. Wenn ihre Samtpfote schläft, wird sie nicht geweckt und nicht angefasst.

Wenn die Katze frisst oder trinkt, wird sie ebenfalls nicht gestört. Die Katzentoilette ist für alle ein Tabu.

Bitte sensibilisieren Sie Ihre Kinder speziell für diese Rückzugsorte der Katze.

Kinderspielzeug hat an Schlaf- und Fressplatz nichts zu suchen, auch im Aspekt auf die Gesundheit der Kinder.

Dann möchte ich noch auf etwas Wichtiges hinweisen: Mit ca. 2-7 Jahren befinden sich Kinder im sogenannten Tierquälalter. Das ist die Zeit, in der sie Grenzen austesten, bei sich und anderen. So können sie auch subtil, ohne dass die Eltern es merken, ein an sich gutmütiges Tier so sehr piesacken, dass es sich zur Wehr setzt und folglich kratzt oder beißt.

Die Katze ist das einzige vierbeinige Tier, das
dem Menschen eingeredet hat, er müsse es
erhalten, es brauche aber dafür nichts zu tun.

(Kurt Tucholsky)

Bedarfsgerechte Ernährung

Zunächst einmal plädiere ich dafür, die Katze altersgerecht zu füttern. Das bedeutet: Kitten bis zum 4. Lebensmonat sollten Kitten-Futter bekommen. Die Junioren bis zu einem Jahr fühlen sich mit Junior-Futter sehr wohl. Danach kommt jahrelanges Füttern mit dem, was ihrer Katze schmeckt oder was die Gesundheit zulässt. Erst ab dem Alter von ca. 8 Jahren spricht man von der Senior-Katze, die dann wiederum das entsprechende Senioren-Futter erhalten sollte, welches speziell auf die Bedürfnisse einer alten Katze abgestimmt ist. Unter Umständen kann Ihr Stubentiger in noch fortgeschrittenerem Alter nur noch mit Weichfutter gefüttert werden, da vielleicht die Zähne fehlen.

Katzenfutter muss alle nötigen Nährstoffe in der richtigen Zusammensetzung und in ausreichender Menge enthalten. Ich sage es mal so - die optimalste Mahlzeit für unsere Samtpfote wäre eine Maus. Stattdessen bieten wir ihr aber ein Alleinfuttermittel an, fix und fertig aus dem Handel.

Bitte achten Sie daher beim Kauf auf hochwertiges Fertigfutter und lesen Sie sich die Deklaration auf der Packung durch. Ein hochwertiges Fertigfutter besteht aus 50-60% Protein (Achtung: auf das Wort „Fleisch" achten, nur das lässt auf hochwertiges Muskelfleisch schließen), 20-30% Fett und ein Kohlehydratanteil, angegeben in Rohfasergehalt, von nur ca. 5%.

Das Futter braucht keinesfalls „Bio" zu sein. Es kann bewusst aus Schlachtabfällen bestehen, da diese Tiere für die Ernährung des Menschen sterben mussten, sollten sie aus Respekt auch vollständig verwertet werden. Das Wort „Schlachtabfälle" ist negativ besetzt, aber für die Ernährung Ihrer Katze spielt dies keine Rolle, wenn das Futter, wie beschrieben, Muskelfleisch enthält.

Im Grunde sind die Futtersorten Geschmackssache. Katzen können ziemlich mäkelig sein. Seien Sie froh, wenn Ihre Fellnase unproblematisch daherkommt. Wichtig ist, dass Proteine der Hauptbestandteil der Nahrung sind, da Katzen nur sehr wenig pflanzliche Nährstoffe brauchen (nicht mehr als der Mageninhalt einer Maus hergeben würde).

Gelegentlich taucht die Frage auf, ob es möglich sei, die Katze vegan zu ernähren, dem Modetrend der Familie folgend. Also bitte, Katzen sind reine Fleischfresser. Für eine Katze ist vegane Kost absolut nicht artgerecht. Eine fleischfreie Ernährung ist in diesem Fall sogar als tierschutzrelevant anzusehen.

Ebenfalls eine Ernährungsform, die voll im Trend liegt: BARF (biologische artgerechte Rohfütterung). Es gibt immer mehr Halter, die ihr Tier Barfen und sich dazu eine Menge Wissen aneignen müssen. Man benötigt umfassende Kenntnisse über den Nährstoffbedarf der Katze und ist ohne die Beratung durch einen Ernährungsexperten kaum in der Lage, die Katze ausgewogen zu ernähren.

Da beim Barfen natürliches rohes Fleisch die Hauptnahrung darstellt, mit etwas Gemüse vermengt, müssen Vitamine und Mineralstoffe zusätzlich gegeben werden. Der Vorteil ist, dass die Katze wirklich hochwertiges Fleisch erhält, meistens Huhn oder Rind (was aber auch nicht dem natürlichen Beuteschema entspricht). Schweinefleisch darf in keiner Form einer Katze angeboten werden, da dieses mit einem Virus infiziert sein kann, welches die Aujeszky-Krankheit hervorruft und für die Katze immer tödlich verläuft.

Der Nachteil des Barfens ist der, dass nach einem genauen Fütterungsplan die Vitamine und Mineralstoffe zusätzlich gegeben werden müssen.

Sollten Sie Barfen wollen oder hat Ihr Tierarzt eine Ernährungsumstellung auf Rohfutter empfohlen, müssen Sie Ihre Katze langsam umgewöhnen.
Da Katzen halt Katzen sind, wird eine Futterumstellung auch oftmals von dem Tier nicht akzeptiert und das Fressen verweigert. Versuchen Sie in kleinen Schritten, die Roh- in die Fertigfütterung zu integrieren, indem man in ein hochwertiges Alleinfuttermittel 25% Rohfleisch mischt und diesen Anteil zunehmend erhöht, bis die Katze schließlich die Rohfütterung akzeptiert.

Ich persönlich halte nicht viel von dieser modernen Art der Tierernährung, da zu viele Komponenten beachtet werden müssen. Das rohe Fleisch kann zudem mit Keimen belastet sein, was auch für den Halter bei unsachgemäßer Verarbeitung gefährlich werden kann, und ein falsches Mischungsverhältnis von Mineralien und tierischem Eiweiß kann die Katze krank machen, weil ihr wichtige Nahrungskomponenten fehlen.

Wenn Sie nicht Barfen wollen, aber Ihre Samtpfote trotz allem ursprünglicher oder anders füttern möchten, können Sie auch selber für die Katze kochen.

Dazu müsste allerdings ebenfalls entsprechendes Fachwissen eingeholt werden.

Die beste Lösung, wie ich finde, ist eine hochwertige, altersangepasste Katzennahrung aus dem Fachgeschäft, wobei die Frage, ob es Trocken- oder Nassfutter sein sollte, Geschmackssache der Katze ist. Beachten Sie aber bitte die Fütterungs-Empfehlung auf den Packungen. Wenn die Mieze Nassfutter bekommt, ist damit schon die Flüssigkeitsaufnahme gut, aber noch nicht ausreichend bedient. Bei Trockenfutter-Gabe müssen sie mehr auf ausreichende Wasserversorgung achten. Insgesamt braucht unsere Katze nicht so sehr viel Flüssigkeit, auch das ist noch ihrer Urahnin geschuldet.

Vielleicht ist auch Ihr Stubentiger eines dieser Tiere, die mit wachsender Begeisterung aus Wasserhähnen trinken. Dann sollten Sie Geld in einen Trinkbrunnen investieren, der für die Katze eine wahre Freude sein wird.

Kalkulieren Sie den Futter-Tagesbedarf Ihres Tieres aus dem Alleinfuttermittel und Leckerlis. Da Sie öfter Leckerlis einsetzen, sei es zur Belohnung oder für Suchspiele zur Bewegung, müssen das Futter und die begehrten Knabbereien in Relation gesetzt werden, damit Ihr Stubentiger agil, schlank und gesund bleibt.

Katzen sollten übrigens niemals Essen vom Tisch der Menschen bekommen, da viele unserer Lebensmittel für die Vierbeiner hochgiftig sind, wie z. B. Zwiebeln oder Schokolade.

Wichtig: Eine übergewichtige Katze darf nicht auf Nulldiät gesetzt werden, da sie dann eine plötzliche Fettleber entwickelt, die lebensgefährlich ist und für das Tier tödlich enden kann. Bei Übergewicht des Vierbeiners hilft Ihnen Ihr Tierarzt kompetent weiter.

Katzen wurden in die Welt gesetzt, um das
Dogma zu wiederlegen, alle Dinge seien
geschaffen, um den Menschen zu dienen.

(Paul Gray)

Artgerechte Haltung

Die artgerechteste Haltung einer oder auch mehrerer Katzen ist wohl die Freigänger-Variante, wobei der Freigang hin und her per Katzenklappe die optimale Lösung darstellt.
Für den Freigänger empfehle ich tagsüber das Tragen eines Sicherheitshalsbandes mit Glöckchen, damit Vögel nicht über Gebühr dezimiert werden. Allerdings lassen sich nur junge Kätzchen daran gewöhnen.

Es gibt Stellen im Garten, wo Sie Ihre Katze sicher nicht so gerne sehen. Dort pflanzen Sie vielleicht eine Verpiss Dich-Pflanze, die ganz gute Dienste leistet. Wenn Sie Ihrem kleinen Tiger etwas Hübsches in den Garten pflanzen möchten, kann ich das Tatarische Geißblatt empfehlen, welches sogar winterhart ist und nicht nur Ihren Vierbeiner erfreuen wird, sondern auch sehr gut von Bienen und Vögeln angenommen wird. Möchten Sie sich selber an einem angenehmen Duft erfreuen, probieren Sie Matatabi aus, eine Duft-Kiwi.

Es gibt allerdings viele gute Gründe auch dafür, dass Katzen ausschließlich in Wohnungshaltung leben. Da die Wohnung in dem Fall das Revier der Hauskatze darstellt, muss diese dem Tier möglichst viele unterschiedliche Sinneseindrücke bieten, um die Bedürfnisse zu befriedigen.
Einiges kennen Sie schon aus der Rubrik „Beschäftigung und Spiel".

Ihre Katze braucht viele Ruhe- und Rückzugsplätze, wo sie ungestört sein kann. Auch Körbe oder Kuschelhöhlen sowie ein Beobachtungsplatz, meistens ein hoher Kratzbaum in Fensternähe, sind obligatorisch.
Dort sitzen oder liegen Katzen gerne auf einer erhöhten Position und beobachten ihren Lebensraum.

Für ausreichend Spiel- und Klettermöglichkeiten muss gesorgt sein (Stoffmäuse, leere Kartons, Zeitungsseiten, Katzenminze-Schmusekissen). Apropos: Wenn Ihre Samtpfote ein Katzenminze-Muffel ist, dann probieren Sie es mal mit Katzengamander oder grünen Oliven.

Zum Beobachten der Außenwelt dient einfach eine Fensterbank, die von Utensilien und Blumen befreit ist. Mehrere Ruheplätze in unterschiedlichen Höhen laden zum Bewegen und Turnen ein und geräumige Höhlen bieten Platz zum Schlafen und Zurückziehen.

Um der Fellnase besonderen Spaß zu bieten, kann man entlang einer Wand treppenförmig Regale anbringen, so dass die Katze nach Herzenslust klettern und springen kann. Eine weiche, große Schlafhöhle neben der Heizung vervollständigt den Katzenwohntraum.

Ein vorhandener Balkon sollte mit Katzennetz ausgestattet sein, ebenso die Fenster, so dass die Fellnase gefahrlos Frischluft schnuppern kann.

Giftige Pflanzen müssen entfernt werden, stattdessen nimmt eine Katze gerne Katzengras an.

Fress- und Trinknapf sollten nicht nebeneinanderstehen, sondern möglichst sogar in zwei verschiedenen Zimmern, denn als ursprüngliches Wildtier nimmt die Katze ihr Fressen normalerweise nicht in Wassernähe ein.

Möchten Sie die Samtpfote nicht im Schlaf- oder Kinderzimmer haben wollen, so sind diese Zimmer von Anfang an tabu, und sie sollte die Räume erst gar nicht kennen lernen.

Am besten bekommt die Katze gleich zwei Katzentoiletten in verschiedenen, möglichst ruhigen Räumen geboten. In der Natur setzt sie Kot und Harn an unterschiedlichen, luftdurchströmten offenen Stellen ab. Daher sollten die Toiletten ziemlich freistehen und problemlos Zugang gewähren. Zwei nebeneinanderstehende Toiletten nimmt die Katze nicht als solche wahr. Für sie ist es nur eine Toilette.

Das Einstreu sollte nicht parfümiert sein und weich, wobei aber auch hier die Tiere verschiedene Vorlieben entwickeln und durch Ausprobieren die Idealstreu gefunden werden kann. Viele Katzen mögen keine Katzenklos mit Deckel. Da Katzen in der freien Natur offene Stellen bevorzugen, entspricht eine geschlossene Toilette nicht deren Sicherheitsbedürfnis. Zudem staut sich schlechter Geruch darunter, auch wenn die Toilette oft gesäubert wird.

Katzen verfügen über einen ausgesprochen empfindlichen Geruchsinn, und die Ihre könnte sich eine Ersatztoilette suchen die angenehmer daherkommt, aber Ihnen, als Halter, dürfte das weniger gefallen. Wichtig ist auch, dass das Katzenklo ausreichend groß ist, ca. 30 x 40 cm.

Apropos empfindliche Nase: Sollten Sie gerne Duftöle verwenden, denken Sie bitte daran, dass der Geruchssinn der Katze um vieles feiner ist wie der unsere. Ermöglichen Sie Ihren Tieren das Verlassen des duftenden Raumes, denn für sie sind die meisten Düfte geradezu widerlich, wie beispielsweise Zitrusdüfte, und oft sogar richtig giftig, wie beispielsweise das Öl von Nadelbäumen.

Wer eine Katze hat, braucht das Alleinsein
nicht zu fürchten.

(Daniel Defoe)

Artgerechte Haltung im Mehrkatzenhaushalt

Beim Mehrkatzenhaushalt in der Wohnungshaltung müssen Sie zwingend viele verschiedene Ressourcen anbieten. Die Faustregel lautet: Ein Katzenklo mehr, wie die Anzahl der Katzen beträgt. Jede Katze benötigt einen eigenen Napf. Zusätzliche Wasserschalen und Kratzbäume aufstellen. Für viele Schlaf- und Ruheplätze sorgen.

Alle diese Ressourcen müssen jederzeit frei zugänglich und über mehrere Räume, oder noch besser, über mehrere Etagen verteilt sein.

Am Anfang habe ich es bereits angedeutet:

Eine Katze besitzen heißt Zeit investieren!

Mehrere Katzen - noch mehr Zeit investieren!

Wenn Sie sich mehrere Stubentiger gleichzeitig ins Haus holen möchten, dann ist es am besten, Sie adoptieren ein gleichgeschlechtliches Geschwisterpärchen junger Kätzchen aus dem Tierheim. Das hat Vorteile bei der Mehrkatzenhaltung, denn im Welpenalter entwickelt sich, anhand der Früherfahrung, eine soziale Katze oder eben ein Einzelgänger. Wenn junge Katzen bei einander bleiben dürfen und auch als erwachsene Katzen Spiel- und Sozialpartner haben, werden sie sich vielleicht nicht als Einzelgänger entwickeln. Setzt man dagegen mehrere erwachsene Einzelgänger zusammen, werden sie sich kaum akzeptieren oder nur nebeneinander her leben, ohne positive soziale Interaktion. Als Nutzungsgemeinschaft teilen sie dann lediglich Nahrung und Unterkunft, werden aber voraussichtlich nie ein Herz und eine Seele sein.

An der Art, wie Katzen miteinander umgehen, kann man erkennen, ob es sich um reine Nutzungs- oder um Sozialgemeinschaften handelt. Wenn sich die Kätzchen oft anfauchen, um das Futter streiten, sich den besten Ruheplatz streitig machen, dann handelt es sich höchstwahrscheinlich um Einzelgänger.
Gemeinsames Ruhen, Körperkontakt und gegenseitiges Belecken weisen auf soziale Katzen hin.

Katzen kommunizieren durch Duftstoffe. Nur mit uns Menschen kommunizieren sie durch Lautäußerungen, da wir ihre Duftsignale nicht verstehen und erwidern können.

Schon als Welpe erkennt die Katze ihre Mutter durch den individuellen Duft. Mit den Geschwistern oder später mit sozialen Partnern, dient der Gruppengeruch dem gegenseitigen Erkennen. Die Gruppenmitglieder reiben häufig Köpfe und Flanken aneinander und sondern dabei mit ihren Hautdrüsen an Kinn, Schläfe und Schwanzwurzel ihren Duft ab. Außerdem haben Katzen auch an den Pfoten diese Duftdrüsen, die beim Kratzen an Bäumen und beim Gehen ihren Duft als Reviermarkierung hinterlassen.

Zudem setzen Katzen Harn und Kot zur Markierung ein, was ebenfalls durch Duft zur Reviermarkierung dient und Auskunft darüber gibt, um wessen Revier es sich handelt. Sogar über den aktuellen emotionalen Zustand einer Katze informieren diese Duftmarken, die bis zu zwei Wochen für andere Katzen riechbar sind.
Auch ihren menschlichen Partner kennzeichnen Katzen mit Duftstoffen, wenn sie sich an ihm reiben. Damit akzeptieren sie uns als Gruppenmitglied und Sozialpartner.

Im Grunde verhält sich die Katze eher ungesellig, wie auch schon ihre Urahnin.
So leben z. B. auf einem Bauernhof meist mehrere Katzengenerationen in Zweckgemeinschaften, die sich zwar untereinander anhand ihres Duftes erkennen, die Fressen und Schlafplätze teilen, aber ansonsten getrennte Wege gehen.

In Gruppen lebende Tiere sind daher nicht automatisch auch soziale Katzen, und Einzelgänger-Katzen werden sich auch in Gemeinschaft mit Artgenossen abweisend verhalten.

Auf leisen Pfoten kommen sie wie Boten der Stille, und sacht, ganz sacht, schleichen sie in unser Herz und besetzen es für immer mit aller Macht.

(Eleonore Gualdi)

Gesundheitsfürsorge

Die Katze gesund zu erhalten ist ein wesentlicher Punkt Ihrer Fürsorgepflicht.

Bitte lassen Sie Ihre Katze kastrieren. Es gibt so viele ungewollte Katzenbabys. Sie können mit diesem Eingriff viel Katzenleid vermeiden. Auch für reine Wohnungskatzen ist die Kastration angezeigt, weil sie die Dauerrolligkeit der Katze unterbindet und das Markieren des Katers eindämmt.

Ihre Samtpfote sollte einmal jährlich gegen ansteckende Katzenkrankheiten geimpft werden, auch reine Wohnungskatzen, da Sie mit Straßenschuhen eventuelle Krankheitserreger von draußen mit ins Haus bringen. Alle drei Monate sollten die Tiere entwurmt werden. Wenn Kinder im Haushalt leben, besprechen Sie am besten mit Ihrem Kinderarzt, ob dieser Zeitrahmen wirklich ausreichend ist.

Entfernen Sie giftige Pflanzen möglichst ganz aus Ihrer Wohnung. Vorsicht: Fast alle Zierblumen oder Grüngewächse sind für unsere Vierbeiner giftig. Informieren Sie sich daher bitte, ob Ihre bevorzugten Pflanzen ebenfalls ein Gefahrenpotential darstellen könnten.

Es folgt eine kleine und absolut unvollständige Aufzählung:
Geranien, Alpenveilchen, Efeu, Osterglocken, Tulpen, Hortensien, Lilien, Callas, Weihnachtssterne, Christrosen, Mistelzweige, Amaryllis und, und, und…

Bieten Sie Ihrer Wohnungskatze auf jeden Fall Katzengras an. Freigänger versorgen sich draußen mit dem Grün, welches sie für die Verdauung benötigen.

Gewöhnen Sie Ihre Samtpfote schon früh an eine regelmäßige Fellpflege, auch wenn Sie sich für eine Kurzhaarkatze entschieden haben.

Die Fellpflege zeigt Ihnen eventuelle Hautveränderungen oder Knötchen an, und das Kämmen der Katze ist für beide Seiten eine Beschäftigung, die Mensch und Tier verbindet.

Es gibt eine Reihe von Krankheiten, die Katzen mit zunehmendem Alter bekommen können. Oft sind dies Probleme mit der Schilddrüse, mit den Nieren, Arthrose oder Diabetes. Auch Herzkrankheiten sind relativ häufig im fortgeschrittenen Alter.
Obwohl gerade die EKH ein an sich robustes Tier ist, können Katzen schon in jungen Jahren zum Beispiel eine Futterunverträglichkeit entwickeln, oder sich als „Kampfkatzen" Verletzungen zuziehen.

Lernen Sie die Körpersprache Ihrer Katze kennen, damit Sie eine Krankheit früh erkennen können. Katzen sind Meister der Schauspielkunst, um Unwohlsein und Schlimmeres unentdeckt zu lassen.

Auch Sie als Katzenhalter sind Gesundheitsgefahren ausgesetzt. In erster Linie fallen mir Katzenbisse ein. Diese sind hochinfektiös und müssen umgehend ärztlich behandelt werden.

Speziell für Frauen möchte ich auf das Thema Toxoplasmose hinweisen.
Im Falle einer Schwangerschaft sollten Sie Ihren Frauenarzt unterrichten, dass Sie eine Katze halten.
Womöglich haben Sie als Schwangere schon Antikörper gebildet, was anhand eines Bluttestes nachgewiesen werden kann.
Sollten noch keine Antikörper gebildet worden sein, dürfen Sie auf keinen Fall mit Katzenkot in Berührung kommen, da die Parasiten im Katzenkot vorkommen, aber das nur unter folgenden Bedingungen: Die Katze frisst rohes Fleisch (Beutetiere oder Rohfütterung), und die Katzentoilette wird nicht täglich gereinigt. Der normale Umgang mit den Katzen hingegen ist nicht gefährlich. Am besten ist es trotzdem, wenn ein anderes Familienmitglied das Säubern der Katzentoilette während der Schwangerschaft übernimmt. Sollte das nicht möglich sein, sollte die Schwangere sicherheitshalber Einmalhandschuhe bei der Säuberung tragen.
Bei Gartenarbeit sind auf jeden Fall Handschuhe zu tragen, da freilaufende Katzen ihren Kot im Beet abgesetzt haben könnten. Obst und Gemüse aus dem Garten ist gut unter fließendem Wasser zu waschen. Das infektiöse Stadium im Katzenkot entwickelt sich im Übrigen erst, nachdem der Kot schon einen Tag alt ist.

Ein weiteres Gesundheitsrisiko birgt ebenfalls die Katzentoilette, die für Kinder - wie bereits geschrieben - absolut tabu sein sollte. Bei Kindern und immungeschwächten Erwachsenen kann Wurmbefall zu einer ernsten gesundheitlichen Bedrohung werden. Die Infektion mit Spulwürmern ist besonders ernst, da die Infektion mit Spulwurmeiern über den Mund aufgenommen wird.

Behalten Sie den Allgemeinzustand Ihrer Katze im Auge, um Erkrankungen die Würmer, Pilze oder andere Parasiten auslösen können, frühzeitig zu erkennen.
Änderung des Verhaltens, Unsauberkeit, chronisches Erbrechen, Fieber oder Aggressivität können auf Parasitenbefall hindeuten.

Flöhe können ebenfalls Bandwürmer übertragen. Struppiges Fell und schleichende Abmagerung sind der Fall. Gegen Parasitenbefall gibt es sogenannte Spot-on-Präparate, Tinkturen zum Aufträufeln. Gegen die Plagegeister müssen Sie von frühem Frühjahr bis zum späten Herbst vorgehen.

Achtung: Verwechseln Sie keinesfalls Spot-on-Präparate für Hund und Katze. Die Zusammensetzung ist anders, und die Verabreichung des falschen Spot-on würde für die Katze wahrscheinlich tödlich enden.

Wenn Sie nicht sicher sind, ob Ihre Katze bereits Flöhe hat, können Sie das folgendermaßen feststellen: Stellen Sie Ihre Katze auf eine helle Unterlage und bürsten Sie sie. Auf der Unterlage sehen sie das, was Sie aus dem Fell herausbürsten. Nun befeuchten Sie diesen Schmutz leicht. Wenn er sich rötlich verfärbt, handelt es sich tatsächlich um Floh-Kot, und Sie sollten umgehend mit Ihrer Mieze einen Tierarzt aufsuchen. Sie müssen alles gründlich reinigen, Kissen und Decken bei 60° waschen und eventuell eine Flohfalle aufstellen, die so aussehen könnte: Einen Teller mit Wasser füllen, einige Tropfen Spülmittel hineingeben und eine brennende Kerze hineinstellen. Bitte nur unter Aufsicht diese einfache, aber wirkungsvolle Flohfalle aktivieren.

Zecken kann man fühlen und mit speziellen Zeckenzangen oder -karten entfernen.

Die Gesundheit des Tieres ist wichtig, damit Ihre Familie gesund bleibt, da doch einige durch Parasiten übertragene Krankheiten auf den Menschen übertragbar sind.

Neuerdings werbe ich sehr für eine Tier-Basis-Krankenversicherung. Ich habe für unsere eigene Katze eine solche abgeschlossen. Fast alle Katzen werden im Alter chronisch krank, haben irgendwann im Leben eine OP oder einen Unfall. Die Kosten dafür können leicht in die Tausende gehen, da ist so mancher überfordert, gibt sein Tier ab oder lässt es gar einschläfern, obwohl dies medizinisch nicht nötig wäre. Es gibt viele Versicherer. Nehmen Sie sich Zeit und vergleichen Sie die Leistungen und Tarife. Auf jeden Fall sollte sie mindestens 80% der notwendigen Tierarzt- und Behandlungskosten übernehmen und zwar bis zum 3-fachen GOT-Satz (**G**ebührenordnung **T**ierärzte). Auch die Laufzeit sollten Sie im Auge haben.

Eine weitere Alternative ist die, einen monatlichen Betrag von ca. 50 Euro pro Tier für eventuelle Tierarztkosten auf ein extra Sparkonto einzuzahlen oder in ein Sparschwein zu werfen. Der Vorteil liegt auf der Hand. Bleibt das Tier gesund, hat man ein kleines Vermögen zusammengespart. Der Nachteil ist der, dass die Tierarztkasse bei kleinen Wünschen leicht zu plündern wäre und so dem eigentlichen Zweck nicht dienen könnte.

Es gibt wohl nichts Schlimmeres als sein Tier leiden zu sehen und aus finanziellen Gründen nicht helfen zu können.

Die alte Katze:

Ihr Tier wird eines Tages alt sein. Schleichend werden sich Wehwehchen und Krankheiten entwickeln, wie auch bei uns Menschen.

Es gibt verschiedene Quellen, wie sich das Alter einer Katze im Vergleich zum Menschenalter berechnen lässt.
Am Ende des 4. Lebensjahres hat Ihr Tier äquivalent zum Menschen ein Alter von 28 Jahren erreicht. Mit 8 Jahren ist sie so um die 50. Schon dann dürften erste Beschwerden sichtbar oder spürbar werden. Vielleicht springt Ihre Katze nicht mehr so gerne hoch und sie schläft mehr. Im Alter von 13 oder 14 zählt sie sogar schon um die 70 Menschenjahre.

Jetzt erst recht sollte Ihre Mieze als älteres Familienmitglied besonders umsorgt und behütet werden. Es kann sein, dass sie unsauber wird. Sie putzt sich nicht mehr so regelmäßig und gründlich. Die Mietze wird vielleicht dünn, sie mag nicht mehr fressen. Sie bewegt sich nicht mehr und zieht sich häufig zurück.

Vieles davon ist dem Alter geschuldet. Einige Beschwerden sind medikamentös behandelbar. Deshalb gehen Sie jetzt regelmäßig mit ihr zum Tierarzt.

Die Katze, die uns in ihrem Leben so viel Freude bereitet hat, wird sterben. Bitte seien Sie bis zuletzt an ihrer Seite, sie hat es verdient.

Die Katze ist nicht mein Gefangener,
sondern ein unabhängiges Wesen von fast
gleichem Status, das zufällig im selben Haus
lebt wie ich.

(Konrad Lorenz)

Bis hierher haben Sie Kenntnisse über die normale Mensch-Katze-Beziehung erlangt. Sie machen alles richtig, und die Grundbedürfnisse Ihres Vierbeiners zu erfüllen ist für Sie normal. Ihr Stubentiger darf ein unbeschwertes Katzenleben führen, in dem es keine Meinungsverschiedenheiten gibt und wo es sich in Harmonie und Eintracht mit Artgenossen und den Menschen leben lässt. Alles ist gut.

Ich liebe die Katzen, weil ich mein
Zuhause genieße und sie im Laufe der Zeit
dessen sichtbare Seele werden.

(Jean Cocteau)

Wenn ich sie rief, tat sie immer, als wenn sie mich nicht gehört hätte. Aber kurz darauf kam sie dann doch, wodurch sie den Schein aufrechterhielt, sie hätte es aus eigenem Antrieb getan.

(Deng Xiaoping)

Zweiter Teil

Nachfolgend beschäftigen wir uns mit den Katzenmädels und -kumpel, die Ihnen Sorgen bereiten. Problemkatzen gibt es in der Regel in Mehrkatzenhaushalten, so gut wie nie als Einzelkatze, es sei denn, sie hatte ein hartes oder nicht artgerechtes Vorleben. Wenn Katzen sich seltsam verhalten, versuchen Sie meist die Aufmerksamkeit Ihres Besitzers auf sich zu ziehen. Sie möchten beachtet und beschäftigt werden. Darum ist die Beschäftigung und das Spielen mit dem Tier das A und O der Problembewältigung. Unterforderte Katzen neigen dazu, ihre Aggression auf Artgenossen, Personen oder Gegenstände umzuleiten und infolgedessen Dinge anstellen, von denen Sie nicht zu träumen gewagt haben.

Lernen Sie die Körpersprache Ihrer Katze zu lesen.

Wie sieht eigentlich eine ängstliche Katze aus?
Sie hat weite Pupillen. Sie macht einen Katzenbuckel. Die Ohren liegen flach nach hinten. Die Gliedmaßen sind angewinkelt, sie duckt sich. Der Schwanz hängt unbeweglich nach unten. Blickkontakt wird vermieden. Wenn möglich, zieht die Katze sich in Zeitlupentempo nach hinten zurück.

Welche Körpersprache zeigt die aggressive Katze?
Die Pupillen sind verengt. Sie macht einen Katzenbuckel. Die Ohren sind aufgestellt, nach vorne oder seitlich. Die Gliedmaßen sind durchgestreckt. Der Schwanz ist buschig, steht aufrecht oder schlägt hin und her. Sie steht und fixiert ihr Gegenüber.

Nähern Sie sich unter keinen Umständen einer Katze, auch nicht ihrer eigenen, wenn sie diese Körpersprache zeigt. Sollten Sie einschreiten müssen, da Ihre Katze etwa durch ein anderes Tier bedroht wird, greifen Sie zu Hilfsmitteln wie Decken, Besen oder Kartonagen, um den Gegenspieler zu verjagen. Ihrer Katze nähern Sie sich erst, wenn sie sich beruhigt hat.

Was macht die kranke Katze?
Wahrscheinlich werden Sie es erst gar nicht merken, dass Ihre Katze krank ist. Sie weiß Schmerzen und Unwohlsein gut zu verbergen. Achten Sie auf alle Anzeichen, die bei Ihrem Tier „nicht normal" sind. Sie frisst nicht mehr, sie trinkt sehr viel, sie schläft nur noch, sie verkriecht sich in unzugängliche Ecken, sie miaut durchdringend und ständig, sie lässt sich an bestimmten Stellen nicht mehr anfassen, sie hat Probleme beim Absetzen von Kot und Urin, sie wirkt schlapp, sie ist lustlos.

Oftmals ist auch die Nickhaut im inneren Augenwinkel zu sehen, was normalerweise nicht der Fall ist. Oder auch ein wildes Herumrasen in der Wohnung kann durchaus ein Anzeichen von Schmerzen sein. Kurz: Sie ist anders.

Bitte stellen Sie Ihre Samtpfote umgehend dem Tierarzt vor.

Gehen Sie davon aus, dass Ihr Tier schon eine ganze Weile leidend ist, Sie haben es nur noch nicht bemerkt.

Sicher wissen Sie es schon: Schnurren ist kein Garant dafür, dass es Ihrer Katze gut geht. Die Fellnasen schnurren auch wenn sie Schmerzen haben, wenn sie sich nicht wohlfühlen und manche sogar, bevor sie sterben.

Meine Katze ist die beste Therapie gegen
Stress. Wenn ich sie streichle, werde ich ruhig.
Ich habe das Gefühl, ich streichle meine
eigene Seele.

(Victoria Principal)

Problembewältigung

Die meisten Probleme in der Katzenhaltung entstehen, wie bereits mehrfach erwähnt, dadurch, dass **natürliche Instinkte** nicht ausgelebt werden dürfen oder das **Sicherheitsbedürfnis** nicht gewahrt ist. So sorgen Artgenossen, die den **Zugang** zum Ruhe- oder Fressplatz **blockieren**, oder gar das Aufsuchen des Katzenklos boykottieren, für enormen Stress bei dem Tier, dass dadurch gemobbt wird. **Langeweile** und nicht befriedigter **Jagdinstinkt** entwickelt Zerstörungswut bei Wohnungskatzen oder extreme Teilnahmslosigkeit.

Merke: Stress oder Unterforderung machen Problemkatzen.

Jede verhaltensauffällige Katze muss individuell begutachtet und bewertet werden, da verschiedene Auslöser dieses Verhalten bewirken können. So kann z. B. übermäßiges Schreien der Katze sowohl ein Ausdruck von Schmerzen, als auch von Trauer oder Verlassenheit sein. Unerwünschtes Markierverhalten kann durch Stress ausgelöst werden, durch Frustration oder Änderung der Lebensverhältnisse, um nur wenige Beispiele zu nennen, denn die Liste der Möglichkeiten ist lang. Es gibt keine Universallösung, außer, dass die Lebensumstände der Katzen positiv verändert werden. Da die Katze uns nicht sagen kann, was ihr fehlt oder was sie stört, müssen wir es herausfinden.

Schwierigkeiten in Mehrkatzenhaushalten müssen nicht von Anfang an bestehen. Es gibt durchaus Tiere, die erst nach Jahren zur Krawallkatze werden, nach Erreichen der sozialen Reife, die oftmals den Beginn von Verhaltensauffälligkeiten markiert.

Wir Katzen sind noch immer das freieste Geschlecht, weil wir uns bei aller unserer Geschicklichkeit so ungeschickt anzustellen wissen, dass es der Mensch aufgibt, uns zu erziehen.

(Ludwig Tieck)

Verhaltensauffälligkeiten lenken

Beim Auftreten von Verhaltensauffälligkeiten ist wieder der Tierarzt Ihr erster Ansprechpartner. Erst wenn eine körperliche Krankheit ausgeschlossen werden kann, ist eine Verhaltensanalyse bzw. Verhaltenstherapie angezeigt.

In der Verhaltenstherapie geht es darum, **als Katzenhalter zu lernen,** das richtige Verhalten der Katze zu **bestärken** und auf Fehlverhalten **nicht** einzugehen. Wie Sie gerade richtig bemerken: Die Verhaltenstherapie betrifft in erster Linie Sie selbst (wir erinnern uns vage – die Katze ist der Boss).

Was heißt das genau:

Zeigt Ihre Katze ein unerwünschtes Verhalten, müssen Sie ihr möglichst sofort, aber nur kurzzeitig die Aufmerksamkeit entziehen. Egal wie ärgerlich dieses Verhalten für Sie selbst ist, tun Sie so, als sei nichts geschehen und ignorieren Sie Ihr Tier. Strahlen Sie Ruhe und Gelassenheit aus. Schimpfen Sie nicht, sagen Sie nichts, und erst recht schreien Sie ihre Katze nicht an. Verlassen Sie das Zimmer sofort und wortlos.

Jede Aktion, die Sie in dieser Situation tätigen, auch Schimpfen, würde Ihre Katze darin bestärken es wieder zu tun. Da Sie Ihr Tier aber bestrafen wollen, entziehen Sie es Ihrer Aufmerksamkeit.

Dagegen loben Sie Ihre Katze überschwänglich, wenn Sie etwas gut macht.

Das nennt man positive Verstärkung und sie dient der Katzenerziehung. Das richtige Verhalten wird immer wieder belohnt und zwar sofort, durch Streicheln, Spiel oder einem Leckerchen.

Dadurch wird Ihre Katze sehr bald wissen, dass Sie von Ihnen nichts zu erwarten hat, wenn sie ein unerwünschtes Verhalten zeigt, sondern das Gegenteil tritt ein, Sie entziehen ihr die Aufmerksamkeit. Irgendwann wird sie lassen, was nicht von Erfolg gekrönt ist (und dann endlich sind Sie der Boss).

Sie brauchen bei einer Katze für alle Umerziehungsmaßnahmen einen langen Atem. Geben Sie nicht auf, bleiben Sie gelassen, sich selbst und Ihrer Katze gegenüber.

Zur Wiederholung sei hier nochmal geschrieben, was die Katze glücklich macht, so dass sie keinen Grund zum Mäkeln haben wird:

Sorgen Sie für sichere und ruhige Rückzugsorte. Denken Sie daran, dass mehrere Katzen auch entsprechend viele Ressourcen benötigen. Befriedigen Sie den Jagdinstinkt mehrere Male am Tag mit Spielen. Stabile Verhältnisse sind nicht nur für die Menschen ein Segen, sondern auch für die Katze. Setzen Sie Ihre Samtpfote keinem Stress aus und sprechen Sie die Sinne Ihres Tieres an.

Wenn die Katze Ihnen beim Ruhen den Rücken zudreht oder sich auf den Rücken rollt und ihren Bauch zeigt, haben Sie alles richtig gemacht. Ihr Mini-Tiger hat vollstes Vertrauen zu Ihnen.

Übrigens: Bei Menschen gilt es als höflich, sich in die Augen zu schauen. Aus Sicht der Katze gesehen ist dies aber eine Unverschämtheit. Die Katze deutet das als Starren und somit als Drohsignal. Wenn Sie Ihrer Katze mit den Augen zulächeln wollen, dann schauen Sie leicht an ihr vorbei und blinzeln Sie ab und zu. Ihre Katze wird bald zurücklächeln, mit einem Blinzeln.

Katzen lieben Menschen viel mehr als sie zugeben wollen, aber sie besitzen so viel Weisheit, dass sie es für sich behalten.

(Mary E. Wilkins Freeman)

Probleme in der Katzenhaltung

Nun beschäftigen wir uns mit den unerwünschten Verhaltensweisen unserer vierbeinigen Mitbewohner.

Auch anhand von Fallbeispielen werde ich Ihnen zeigen, wie Sie zu einer Problemlösung kommen können. Es ist oft so, dass die genannten Verhaltensauffälligkeiten sich überlagern. Das bedeutet zum Beispiel, dass Aggression mit Angst einhergeht, oder Markierverhalten und Stress zusammenhängen. Daher sollten Sie das Problem bei Ihrer Katze immer von mehreren Seiten aus betrachten. Die Fallbeispiele werden Ihnen einen Weg zeigen.

Oft werden Sie in meinen Ausführungen mit dem Pheromon-Diffuser oder -Spray konfrontiert. Dieses gilt als „Geheimwaffe" für die harmonische Katzenhaltung, daher nehme ich es hier mit ins Boot. Leider wirkt es nicht bei allen Katzen gleich gut, und es ist definitiv nur zur Unterstützung von anderen Maßnahmen geeignet.

Im genannten Spray sind die „guten" Pheromone enthalten, die dafür sorgen, dass sich die Katze wohlfühlt. So kann man es zum Beispiel zur Eingewöhnung, zur Stresslinderung oder auch vor einer tierärztlichen Behandlung gut verwenden.

Die häufigsten Verhaltensauffälligkeiten bei Katzen sind:

- **Aggression**
- **Angst/Panik**
- **Eifersucht**
- **Rangeleien oder Mobbing im Mehrkatzenhaushalt**
- **Unsauberkeit**

Wenn du ihre Zuneigung verdient hast, wird eine Katze dein Freund sein, aber niemals dein Sklave.

(Theophile Gautier)

Die aufgezählten Verhaltensauffälligkeiten bekommt man, wie erwähnt, von dem tierischen Mitbewohner meist im Doppelpack serviert: Aggression gepaart mit Panik, oder Unsauberkeit gepaart mit Eifersucht, usw. Es gibt meist mehrere Ansatzpunkte, um das Verhalten der Katze zu beeinflussen. Eines dürfen Sie nicht vergessen: Es wird dauern. Haben Sie Geduld, und geben Sie bitte nicht so schnell auf. Denken Sie auch daran, dass Ihre Katze eine Krankheit entwickelt haben kann, und lassen Sie Ihr Tier durchchecken.

Was können Sie tun bei Aggressionsverhalten:

Es gibt unzählige Arten von Aggressionen. Oft sind in Mehrkatzenhaushalten Eifersucht, Neid oder Ressourcenmangel der Auslöser. Dagegen kann man etwas tun.

Aggression gegenüber dem Menschen ist ungewöhnlich, aber immer besonders ernst zu nehmen. Meist sind Schmerzen oder eine Krankheit der Auslöser.

Sollten Sie selber gebissen worden sein, suchen Sie umgehend Ihren Arzt auf.

Lernen Sie die Körpersprache Ihrer Katze zu deuten, um eine beginnende Aggression rechtzeitig umlenken zu können, z. B. mit einer Katzen-Angel. Schaffen Sie viele Rückzugsmöglichkeiten. Überdenken Sie die Anzahl von Katzentoiletten, Kratzbäumen und Futternäpfen und den jeweiligen Standort. Spielen und beschäftigen Sie sich über den Tag verteilt mit jeder Katze. Loben Sie Ihre Katze, wenn sie etwas gut macht.

Ihre Mieze kratzt in ihrer Aggression an Möbeln oder Sofa: Sprühen Sie Pheromon-Spray dorthin, wo sie nicht kratzen soll oder decken Sie den Bereich vorübergehend mit Alupapier oder Noppenfolie ab, bis die Katze sich beruhigt hat oder sich nicht mehr dafür interessiert. Es könnte auch helfen, wenn Sie an dieser Stelle vorübergehend einen Kratzbaum positionieren.

Die Aggression einer Einzelkatze kann gut mit Clickertraining kontrolliert werden, bei dem Sie das erwünschte Verhalten mit Leckerchen positiv verstärken. Sie können ihr mit dem Clicker sogar kleine Kunststückchen antrainieren. Hier ist es sinnvoll, dass Sie sich über die richtige Methode des Clickerns informieren und es sich zeigen lassen, am besten in dem Fachmarkt, in dem Sie den Clicker erwerben.

Kaufen Sie sich auch eine Kratzpappe, um eine mögliche Aggression Ihres Tieres schmerzfrei umlenken zu können.

Die Gabe der richtigen Bachblüten-Mischung kann die Aggression ebenfalls eindämmen.

Die Katze ist das Tier, dem der Schöpfer die größten Augen, das weichste Fell, die beweglichsten Ohren und die unvergleichlichsten Pfötchen gegeben hat.

(Johann W. von Goethe)

Was können Sie tun bei Angst/Panik?

Auch in diesem Fall ist es wichtig, die Körpersprache Ihrer Katze entsprechend deuten zu können.
Denken Sie über Ursachen der Angst nach. Gab es ein ungewöhnliches Ereignis, sind Sie umgezogen, hatte die Katze einen Unfall? Wenn die Katze sich erschreckt hat, kann es sein, dass sie lange mit Misstrauen reagiert und erst langsam wieder Zutrauen fasst.

Nähern Sie sich Ihrem Tier behutsam und ruhig. Instruieren Sie Ihre Kinder, dass die Katze Ruhe braucht. Denken Sie auch noch mal an das sogenannte Tierquälalter. Könnte es da vielleicht einen Zusammenhang mit dem Verhalten des Tieres geben?

Geben Sie der Katze Sicherheit, indem sie die Angst nicht positiv bestärken. Bleiben Sie ruhig und gelassen. Lassen Sie die Katze den ersten Schritt auf Sie zu machen. Wenn Sie die Samtpfote ganz in Ruhe lassen und sie nicht beachten, lernt sie dies positiv zu werten und wird sich wieder annähern.

Ein fester Tagesablauf bringt der Katze Sicherheit.

Wenn Ihr Tier Angst vor fremden Menschen hat, dann sorgen Sie für genügend Rückzugsmöglichkeiten, so dass sie verschwinden kann, wenn es klingelt. Vielleicht gibt es bestimmte Geräusche, vor denen Ihrer Katze Angst hat oder die sie beunruhigen.
Wenn die Gründe feststehen, können Sie vielleicht eine Konditionierung vornehmen, so dass sie sich daran gewöhnt. Auch hier gilt: Spiele sind immer gut und Nähe, soviel sie zulässt. Probieren Sie auch den Pheromon-Diffuser aus.

Die Möglichkeit der Bachblüten-Gabe ist ebenfalls angezeigt, und sie wirkt oft wirklich gut. Wenn die Angst sehr stark ist und schon länger andauert, dann sollten sie Ihre Katze unbedingt dem Tierarzt vorstellen, mit der Frage, ob bereits eine Phobie vorliegt. In manchen Fällen verabreicht der Tierarzt bei gesicherter Diagnose Psychopharmaka, wenn keine Besserung zu erwarten ist. Wenn dieser Tierarzt noch eine Zusatzausbildung in Verhaltenstherapie absolviert hätte, wäre Ihre Wahl perfekt.

Hinweis zur Bachblüten-Gabe:

In der Apotheke werden diese Mischungen mit Alkohol- oder Essigträger hergestellt, um sie haltbarer zu machen. Dies ist natürlich für das Tier undenkbar. Die Mischungen für Tiere werden nur mit Wasser hergestellt, was aber die Haltbarkeit reduziert. Weisen Sie den Apotheker darauf hin, dass die Bachblüten-Mischung für ein Tier bestimmt ist.

Die sogenannten „Rescue-Tropfen" werden als Allheilmittel eingesetzt. Besser lassen Sie sich individuell die passenden Bachblüten zu den Beschwerden mischen. Es ist immer einen Versuch wert.

Das kleinste Katzentier ist ein
Meisterwerk.

(Leonardo da Vinci)

Was können Sie tun bei Eifersucht?

Zu Ihrer Erstkatze ist eine weitere dazugekommen? Nähern Sie die Tiere vorsichtig einander an. Vernachlässigen Sie das Ersttier nicht. Sie sollten immer beiden Katzen die gleiche Aufmerksamkeit schenken. Wenn Sie eine aufkeimende Eifersucht des Ersttieres nicht erkennen, kann sich dort unter Umständen eine latente Aggression gegenüber dem Neuankömmling entwickeln und die neue Mieze könnte subtilem oder offenem Mobbing unterworfen werden. Bestärken Sie den Gruppengeruch, indem sie beide Katzen abwechselnd streicheln und kämmen, so dass die eine von der anderen den Geruch annimmt. Auch hier könnte der Pheromon-Diffuser Wunder bewirken. Das Streicheln und Kämmen sollten Sie mehrere Male am Tag durchführen. Bevorzugen Sie keine der beiden. Mit etwas Glück wird sich in wenigen Wochen die „neue" Familie eingespielt haben.

Eifersucht kommt aber nicht nur in Mehrkatzen-Haushalten vor. Sie haben einen neuen Partner? In Ihrer Familie gibt es nun ein Baby?

Ihre Samtpfote kann sehr sensibel reagieren, wenn Sie sich zurückgesetzt fühlt. Auch hier gilt: Beschäftigen Sie sich immer wieder mit Ihrer Katze, lassen Sie sie spüren, dass ihre Eifersucht unbegründet ist.

Manche Katzen drücken Eifersucht und Verlustängste in Dauermiauen aus. Bitte bewahren Sie Ruhe und verhalten Sie sich normal.

Ignorieren Sie das Verhalten. Auf keinen Fall sollten Sie das Tier trösten, weil es dann in seinem Verhalten bestärkt werden könnte, und das wollen Sie sicher nicht. Auch hier gilt die Regel: Verbringen Sie mehr Zeit mit dem Tier, lenken Sie es mit Beschäftigung und Spiel ab.

Ich lege mein Buch „Der Sinn des Zen" nieder und sehe die Katze. Sie lächelt in ihr Fell und glättet es zart mit rosaroter Zunge. „Katze, ich möchte dir gern dieses Buch leihen, aber ich glaube, du hast es schon gelesen." Sie hebt den Kopf und schaut mich schnurrend an: „Sei doch nicht albern. Ich habe es geschrieben".

(Dilis Laing)

Was tun bei Rangeleien oder Mobbing im Mehrkatzenhaushalt?

Wie unter dem Punkt Eifersucht bereits beschrieben, sollten Sie allen Katzen die gleiche Aufmerksamkeit entgegenbringen. Im Idealfall haben Sie nicht mehr Tiere, wie Hände zum Streicheln.

Wenn Sie ein neues Tier integrieren möchten, sollte es vom Charakter, vom Alter, vom Geschlecht und von der Statur zum Vorbestand passen, damit im Vorfeld schon eventuellem Mobbing entgegengewirkt wird.

Auch hier sind Pheromon-Diffuser zu empfehlen, um den Gruppengeruch zu intensivieren.

Denken Sie unbedingt an die Optimierung der Toiletten, Fressnäpfe, Wassernäpfe, Kratzbäume und Ruheplätze.

Unter Umständen muss die neue Katze vorsichtig angenähert werden. Das machen Sie, indem die Neue ein Zimmer alleine zur Verfügung hat, ausgestattet mit allem, was sie braucht und getrennt durch ein Babygitter vom Bereich der anderen. So kann gegenseitig gefahrlos Kontakt aufgenommen werden.

Streicheln Sie alle Katzen immer wieder, so dass der Gruppengeruch von einer auf die andere Katze übertragen wird.

Bei ersten Annäherungen ohne Gitter, sollten Sie vorerst dabeibleiben.

Ohne Ihre Anwesenheit sollte das Gitter die neue Katze wieder schützen. Sie braucht einen vertrauten und sicheren Platz, wo sie sich hin flüchten kann. Es wird eine Zeit dauern, bis alle sich an die neue Situation gewöhnt haben. Das kann auch schon mal mit Fauchen und Tatzenhieben einhergehen und ist soweit normal.

Nach einiger Zeit, sollte sich der Zustand einpendeln. Wenn nicht, war die Vergesellschaftung mit dem neuen Tier keine gute Idee.

Auch bei Katzen, die schon länger gemeinsam leben, kann es zu Mobbing untereinander kommen. Die schwächere Katze hat das Nachsehen und muss geschützt werden. Ein andauernder Zustand von Angst kann sich zur Angststörung ausweiten, was sich als Verhaltensstörung äußern wird, z. B. mit Unsauberkeit. Aggression und Unsauberkeit treten oft zusammen auf, wobei das Problem des Mobbings meist erst wahrgenommen wird, wenn die Katze eine Verhaltensstörung aufweist.

Es kann nicht oft genug wiederholt werden:
Behandeln Sie alle Katzen gleich gut.

Versuchen Sie in Ihrem Beisein, die Katze wieder anzunähern, wie oben beschrieben, als ob sie ein Neuankömmling sei.
Wenn dies nicht gelingt und sich keine Besserung des Verhaltens beider Parteien zeigt, müssen Sie eventuell die zuletzt angeschaffte Katze wieder abgeben oder für Freigang sorgen, so dass sich Ruhe einstellen kann. Wenn Sie nichts machen, wird die gemobbte Katze ernsthaft leiden und möglicherweise bald auch organische Beschwerden zeigen.

Sie fragen zu Recht, warum Sie das zuletzt angeschaffte Tier zurückgeben sollen? Weil das Ersttier die älteren Rechte hat und es mit einer neuen Umgebung viel schwerer klar kommen würde, als die erst kürzlich eingezogene Katze.

Katzen erreichen mühelos, was uns Menschen versagt bleibt: durchs Leben zu gehen, ohne Lärm zu machen.

(Ernest Hemingway)

Was tun bei Unsauberkeit?

Zum einen gilt es zu unterscheiden, ob die Katze pinkelt oder markiert. Ihnen ist es sicher erst mal egal, Sie möchten nur, dass die Katze es lässt.

Eine plötzliche Unsauberkeit muss auf jeden Fall tierärztlich abgeklärt werden sowie eine Unsauberkeit, die längere Zeit andauert. Die Nieren sind bei Katzen leider oft ein Krankheitsherd.

Sie gehen davon aus, dass Ihr Stubentiger Sie nur ärgern will? Vergessen Sie diesen Gedanken, bitte! Das unerwünschte Markieren und Pinkeln hat oft Stress als Ursache, vielleicht aber auch nicht optimale Haltungsbedingungen.

Wie erkennen Sie, ob die Katze pinkelt oder markiert? Beim Pinkeln setzt das Tier horizontal eine größere Menge Urin ab. Beim Markieren hingegen verspritzt die Katze kleine Mengen Harn an senkrechte Flächen (dies dient zur Kommunikation mit Artgenossen).

Wie bereits am Anfang des Buches erwähnt: Das Absetzen von Kot an übersichtlichen, frequentierten Stellen im Freien und in der Wohnung im Mehrkatzenhaushalt, dient gleichfalls als Kommunikationsmittel und Warnung für die Artgenossen (Halt - bis hierhin und nicht weiter!). Auch in diesem Fall verfahren Sie wie beschrieben.

Zuerst einmal überdenken und ggf. optimieren Sie die Toilettensituation (genügend frei zugängliche Toiletten, neues Katzenstreu, ruhiger Standort, Deckel abnehmen). Überlegen Sie, was der Auslöser sein könnte: Hat sich etwas verändert? Neue Möbel, Auszug eines Familienmitgliedes, andere Arbeitszeiten, Neuankömmling, Erschreckendes, Beängstigendes. Alles das und noch viel mehr, kann zu Unsauberkeit führen.

Was tun Sie, wenn Sie Urin oder Kot entdecken?
Bleiben Sie ruhig. Ignorieren Sie diesen Umstand im Beisein der Katze, und entfernen Sie das Tier kommentarlos aus dem Zimmer. Reinigen Sie die Stellen unbedingt ohne Beisein der Katze. Egal wie oft sie von der Unsauberkeit Ihres Tieres geplagt werden, handeln Sie immer mit Bedacht und Ruhe.

Säubern Sie die Stellen mit Neutralreiniger oder Wodka. Gereinigte Polstermöbel oder Teppichboden sollten vollständig austrocknen. Die Katze darf den Raum erst wieder betreten, wenn die gereinigten Stellen trocken sind.

An besagten Stellen können Sie nun vorübergehend Raschelpapier oder Alufolie ausbringen. Vielleicht mögen Sie einen Kratzbaum dorthin stellen oder sie verteilen einige Körnchen Trockenfutter. In der Regel pinkeln Katzen nicht auf Nahrung.

Verändern Sie den Umgang mit Ihrer Katze. Beachten und streicheln Sie sie öfters, animieren Sie die Katze zum Spielen, reizen Sie Ihr Tier mit Jagdspielen, lasten Sie Ihre Mieze aus.
Oft ist die Unsauberkeit Ausdruck von Einsamkeit und Unterforderung oder aber auch von Angst. Häufiges Alleinsein wirkt sich ungünstig aus, daher versuchen Sie, den Umgang mit der Katze zu optimieren oder die Lebensumstände zu verbessern.

Ein Kätzchen ist für die Tierwelt, was eine
Rosenknospe für den Garten ist.

(Robert Southey)

Fallbeispiele (unveränderte Aufzeichnungen aus den Originalakten, Namen wurden verändert)

Luna und Molly

Problem: Luna und Molly verstehen sich nicht, Luna versteckt sich nur noch, hat Angst vor lauten Geräuschen, verliert viel Fell, Reduzierung von Aktivitäten.

Analyse: Molly war zuerst da. Sie hat Ihre Bezugsperson (nach Scheidung) verloren, und ihre Trauer äußert sich in umgerichteter Aggression und ausgeprägtem Territorialverhalten. Luna ist wahrscheinlich nicht genug sozialisiert und zu jung abgegeben worden. Sie ist drei Jahre alt und hat schon zwei Umzüge hinter sich gebracht sowie schlechte Erfahrungen beim Tierarzt gemacht. Zudem ist wahrscheinlich bei Arbeiten auf dem Balkon etwas vorgefallen. Seitdem reagiert sie mit Panik vor lauten Geräuschen. Es stellt sich heraus, dass Luna fast nur noch auf dem Kleiderschrank hockt. Ein kleiner Hund wurde nach Luna angeschafft. Beide Katzen haben kein Problem mit dem tierischen Neuankömmling.

Sofortmaßnahmen

1. Getrennte Aufenthaltsbereiche der Katzen, wenn sie alleine sind.

2. Pheromon-Diffuser und Bachblüten-Gabe.

3. Erhalten von Gruppengeruch durch vermehrtes Streicheln, Bürsten und Spielen.

Ergänzende Maßnahmen: Für Luna mehrere Versteckmöglichkeiten schaffen. Ortswechsel von Toiletten und Kratzbäumen sowie Wasser und Futter an disponierte Stellen, alles mindestens in doppelter Ausführung aufstellen. Zukauf einer dritten Toilette und eines zweiten Kratzbaumes. Positionierung an Stellen deren Zugang nicht durch die dominante Katze versperrt werden können. Deckel der Toilette abnehmen. Unter Aufsicht ab und zu austesten, ob die beiden sich schon besser vertragen. Bei Streitigkeiten versuchen, die Tiere mit Spielgerät umzuleiten (Katzen-Angel). Gruppengeruch und Jagdsequenzen fortführen. Frau K. daraufhingewiesen, dass die gemeinsame Beschäftigung und Fellpflege die Bindung stärken soll.

Vorstellung beim Tierarzt: Nein, vorerst nicht. Luna war wegen dieses Problems bereits bei Ihrem Tierarzt. Nach dortiger Untersuchung liegt keine organische Ursache vor.

Sollte sich die vorliegende gesicherte Angststörung durch die benannten Maßnahmen nicht beseitigen lassen, ist eine erneute Vorstellung beim Tierarzt dringend erforderlich, da als Spätfolgen organische Probleme nicht ausgeschlossen werden können oder eventuell sich aus der Angststörung eine Depression manifestiert hat, die mit Psychopharmaka behandelt werden sollte.

Notizen: Mit Frau K. wurde vereinbart, bei dem geschiedenen Ehemann anzufragen, ob er Molly zu sich nehmen kann. Frau K. wurde von mir informiert, dass es Wochen und sogar Monate dauern kann, bis sich die Lage entspannt.

Die oben genannten Maßnahmen sowie die mündlich beim Besuch besprochenen, müssen konsequent durchgeführt werden, um zu einer Besserung zu führen.

Ich bitte um weitere Informationen, um eventuell an der Bachblüten-Gabe oder an den Maßnahmen noch Änderungen vornehmen zu können, falls nötig.

Sollte keine Besserung eintreten oder sogar noch eine Verschlimmerung des Zustandes, so wird es unumgänglich sein, Luna zu ihrer eigenen Sicherheit aus dieser Situation herauszunehmen.

Nachtrag: Frau K. hat mich informiert, dass sie Luna an ihre Nachbarin abgegeben hat, da sie die Situation nicht mehr länger so hinnehmen konnte und Luna ihr sehr leidgetan hat. Im neuen Zuhause kann Frau K. Luna besuchen, wann immer sie möchte, und dort ist sie schon sehr viel entspannter und taut merklich auf. Luna soll weiter als Einzelkatze gehalten werden. Vom Ex-Mann konnte Molly wegen Zeitmangels nicht übernommen werden, aber sie hat sich mittlerweile auf die neuen Gegebenheiten eingestellt und trauert nicht mehr. Molly vermisst auch Luna nicht und ist ebenfalls als Einzelkatze zufrieden.

Shiva und Miss Kitty

Problem: Shiva und Miss Kitty verstehen sich nicht. Shiva jagt Miss Kitty. Shiva zeigt sich aggressiv gegenüber Miss Kitty und den Besitzern, was Frau H. besorgniserregend findet, da sie in wenigen Wochen ein Baby zur Welt bringen wird. Frau H. sieht ein Problem mit dem Nachwuchs und einer aggressiven Katze. Miss Kitty zeigt mittlerweile Anfänge einer Angststörung und leckt sich stark das Fell weg.

Analyse: Shiva und Miss Kitty wurden zeitgleich vor etwa einem Dreivierteljahr aus einem Tierheim übernommen, wo sich die beiden unauffällig verhielten. Es handelt sich nach deren Angaben um Fundkatzen in etwa gleichem Alter ohne bekannte Vorgeschichte. Im neuen Heim zeigte Shiva von Anfang an Aggressionen gegenüber den Besitzern und gegenüber Miss Kitty, die sehr zutraulich ist, im Gegensatz zu Shiva. Ich bin mir sicher, dass Shiva nicht genügend sozialisiert ist und außerdem Freigängerin war. Es spricht viel dafür, dass jetzt mangels Freigang eine umgerichtete Aggression gegenüber Miss Kitty stattfindet. Miss Kitty leidet sehr und leckt sich das Fell ganz massiv. Der Tierarzt konnte keine körperlichen Probleme bei Miss Kitty feststellen, sodass von Mobbing durch Shiva auszugehen ist. Bei Miss Kitty ist der Anfang einer Angststörung wahrscheinlich. Es fällt eine nicht optimale Toiletten- und Fressplatzsituation auf.

Sofortmaßnahmen:

1. Getrennte Aufenthaltsbereiche der Katzen, wenn sie alleine sind.

2. Erhalten von Gruppengeruch durch vermehrtes Streicheln, Bürsten und Spielen.

3. Pheromon-Diffuser ausprobieren.

4. Johanniskraut-Öl auf glattgeleckte Stellen tupfen.

5. Hinweise Toxoplasmose-Problematik.

Ergänzende Maßnahmen: Ortswechsel von Toiletten und Kratzbäumen sowie Wasser und Futter an disponierte Stellen, alles mindestens in doppelter Ausführung aufstellen. Zukauf einer dritten Toilette und eines zweiten Kratzbaumes. Aufstellen an Stellen, deren Zugang nicht durch die dominante Katze versperrt werden können. Deckel der Toilette abnehmen. Toilette und Fressen tauschen wie besprochen. Wasser und Futter trennen. Unter Aufsicht ab und zu austesten, ob die beiden sich schon besser vertragen. Bei Streitigkeiten, versuchen die Tiere mit Spielgerät umzuleiten (Katzenangel). Gruppengeruch und Jagdsequenzen fortführen.

Beratung vor Ort: Da alle Maßnahmen in dieser kurzen Zeit nicht wesentlich zur Besserung des Zustandes beigetragen haben, und die Zeit wegen der nahenden Geburt drängt, haben Frau H. und ich uns dahingehend besprochen, dass die Abgabe von Shiva die beste Lösung sein wird. In diesem Fall ist der Versuch eines „neuen Kennenlernens" der beiden Katzen aus Zeitmangel nicht möglich, da es Wochen und sogar Monate dauern kann, bis sich die Lage, wenn überhaupt, entspannen würde. Die oben genannten Maßnahmen müssen weiterhin konsequent durchgeführt werden, bis eine Stelle für Shiva gefunden ist (idealerweise, wie besprochen als Einzelkatze mit Freigang, was bei Frau H. leider nicht möglich ist). Eventuell muss mit dem Tierheim Kontakt aufgenommen werden, ob Shiva vor der Geburt des Kindes wieder dort einziehen kann.

Vorstellung beim Tierarzt: Sollte sich das Lecken des Felles bei Miss Kitty nicht normalisieren, wenn Shiva nicht mehr da ist, sollte sie dringend nochmal beim Tierarzt vorstellig werden, um eine organische Ursache auszuschließen, oder vielleicht eine feline Alopezie ggf. medikamentös zu behandeln. Eventuell könnte auch als Spätfolge der Angststörung eine Depression bestehen, die mit Psychopharmaka zu behandeln wäre.

Nachtrag: Frau H. hat Shiva zu ihrer Schwiegermutter gegeben, wo sie als Einzelkatze und Freigängerin gehalten wird. Das klappt wunderbar. Shiva ist überhaupt nicht mehr aggressiv. Miss Kitty hat sich erholt, verhält sich weitgehend normal, ist verschmust und leckt sich das Fell nicht mehr weg.

Amy und Flo

Problem: Frau F. beklagt sich darüber, dass das reibungslose Zusammenleben mit ihren beiden Katzen nicht mehr funktioniere. Sie habe eine 9jährige Katze und einen 3jährigen Kater. Die beiden hätte sie zusammen aus dem Tierheim geholt vor etwa einem Jahr. Die Katzen seien zu der Zeit ein Herz und eine Seele gewesen. Dies wäre seit kurzem ganz und gar nicht mehr so. Amy sei neuerdings unsauber und Flo würde ihr auflauern und sie durch die Wohnung jagen. Eine Katze, wahrscheinlich Amy, habe sogar auf ihr Kopfkissen gepinkelt. Frau F. macht einen genervten Eindruck und auf Nachfrage gibt sie zu, langsam die Geduld in dieser Situation zu verlieren.

Analyse: Wahrscheinlich hat der Kater seine soziale Reife erlangt und dadurch sein Verhalten verändert. Die Unsauberkeit der älteren Katze ist eine Folge von Stress und Angst. Flo ist unterfordert, folglich zeigt er eine umgerichtete Aggression gegenüber Amy. Die ist damit eindeutig überfordert und zeigt bereits den Beginn einer Angststörung.

Besuch vor Ort: Es fällt auf, dass Frau F. eine Art „Katzenzimmer" eingerichtet hat. In diesem Zimmer befinden sich alle Utensilien für die Katzenhaltung. Sämtliche Ruheplätze, zwei Kratzbäume, viele Stoffmäuse sowie Fressplatz und Katzentoilette. Der Rest der Wohnung ist quasi „katzenfrei".
Die räumliche Situation ist unglücklich und muss geändert werden, was für Entspannung sorgen wird. Es fällt auf, dass der Kater Flo während meines Besuches an der Türschwelle des Katzenzimmers sitzt. Katze Amy geht in großem Bogen draußen vorbei.

Einmal setzt Flo ihr nach, woraufhin sie auf eine Kommode flüchtet und von oben herunter faucht. Ein anderes Mal traut sich die Katze nicht, an dem Kater vorbei zu gehen. Augenscheinlich gibt es keinen positiven Sozialkontakt mehr zwischen den beiden. Amy wehrt sich nicht mehr gegen Angriffe, was auf eine bereits bestehende Angststörung hindeutet. Flo zeigt eine kompetitiv-soziale Aggression, die noch normal wäre, wenn sich Amy dabei auch normal verhalten würde, was sie nicht macht. Es liegt meines Erachtens Mobbing durch Flo vor und Amy ist das ständige Opfer.

Sofortmaßnahmen

1. Auflösung des Katzenzimmers. Verteilung von Kratzbäumen, Ruheplätzen, Katzentoiletten, Näpfen, Wasserstellen über die ganze Wohnung.
2. Jeweils getrennte, jedoch vermehrte Zuwendung gegenüber Amy, durch Spielen und Streicheln und vermehrte Jagdsequenzen über den Tag verteilt für Flo.
3. Gruppengeruch herstellen.
4. Vorerst getrennte Aufenthaltsbereiche der Katzen, wenn sie alleine sind.
5. Pheromon-Diffuser ausprobieren.

Ergänzende Maßnahmen: Frau F. wird darüber informiert, welchen Zusammenhang Angst und Unsauberkeit haben. Die Reinigung und das weitere Vorgehen werden besprochen. Amy befindet sich in großer Not und macht das nicht aus Böswilligkeit. Frau F. macht sich jetzt Vorwürfe, dass sie so schnell die Geduld verloren hat.

Es wird nochmal die Problematik mit dem Katzenzimmer besprochen. Amy hatte keine Chance, Flo auszuweichen. Auch konnte Flo den Zugang zur Katzentoilette verwehren, die deshalb von Amy nicht mehr aufgesucht wurde.

Es werden jetzt drei Toiletten frei zugänglich verteilt. Ebenso die Futterstellen. Es werden mehr Kletter- und Erkundungsmöglichkeiten geschaffen sowie viele Rückzugs- und Beobachtungsplätze. Frau F. gibt zu, manchmal die Katzentoiletten morgens nicht saubergemacht zu haben, dann aber dafür abends. Auf die Sauberkeit muss dringend geachtet werden. Dies wurde mit Nachdruck besprochen.

Die regelmäßige Spieltherapie wurde ebenfalls besprochen.

Sollte keine nennenswerte Besserung eintreten, ist der Besuch beim Tierarzt dringend erforderlich, um eine Phobie bei Amy auszuschließen.

Nachtrag: Von Frau F. erfolgt eine Rückmeldung nach vier Wochen. Anfänglich habe es Probleme bei der Umsetzung der Spieleinheiten gegeben. Amy ist nicht mehr unsauber, sucht die Toilette auf, wirkt entspannter. Eine Trennung ist vorerst nicht mehr nötig, die beiden haben sich angenähert, zwar noch distanziert, aber Flo jagt Amy nicht mehr. Amy nutzt neue Rückzugsmöglichkeiten, verhält sich normal. Frau F. sieht die beiden auf einem guten Weg.

Nachtrag: Rückmeldung nach drei Monaten: Frau F. hat beiden Katzen Freigang gewährt. Sie dürfen durch eine Katzenklappe ihr Katzenleben genießen. Es gibt nur noch selten Meinungsverschiedenheiten der beiden untereinander.

Für eine Katze bedeutet Treue nicht, immer dazubleiben, sondern immer wieder zu kommen.

(Klara Löwenstein)

Hommage an die Katze

Komm her zu mir du wunderbares Geschöpf und lege dich auf meine Arbeit, so wie du es immer tust.

Ich möchte dein seidenweiches Fell streicheln, in deine glasklaren, tiefen Augen schauen und deine kalte, rosa Nase an meiner Wange spüren. Du perfektes Wesen, du Meisterwerk der Natur. Du schönstes Tier auf der Welt. So frei, so unabhängig und doch so zart und mitfühlend.

Auf leisen Sohlen unterwegs, lautlos, wie es nur eine Katze kann. Du vollkommenes Wesen, du. Schleichst dich in mein Herz und in mein Leben und lässt mich ahnen, dass ich nur dein Diener bin.

Du strahlst Würde aus. Selbst wenn du dich putzt, bewegst du dich wie eine Ballerina, so geschmeidig und edel.

Komm sprich ein wenig mit mir, lass dein unvergleichliches Miau ertönen, schnurre ein wenig und beruhige mein Herz.

Sei meine Freundin, ich vertraue dir.

Ich gebe dich frei, wann immer du willst, weil ich weiß, dass du zurückkommst, wenn meine Seele dich braucht. Habe Geduld mit mir, damit ich deine Sprache erlerne. Ich möchte so gelassen sein, wie du es schon bist. Ich kann deine Weisheit fühlen und bin niemals allein.

Jeder Mensch sollte eine Katze haben - zum Streicheln, zum Liebhaben, zum Weinen. Du bist mein Rückzug, mein Seelenklempner, mein persönlicher Buddha, meine Yogalehrerin und meine Achtsamkeitstrainerin.

Wenn ich denk` es geht nicht mehr - kommt von irgendwo meine Katze her.

(Heike Heinz-Wittenberg)

Oft denke ich, viel mehr Leute sollten
Katzen haben. Sie würden von ihnen eine
Menge über den Umgang mit Menschen
lernen.

(Barbara Rütting)

Liebe Katzenfreunde,

vielleicht haben Sie gedacht, dieses Buch ist für die Katz`. Es gibt schon gefühlte tausend Ratgeber, dieses ist der tausendundeinste - und überall steht dasselbe drin.

Ja, in der Tat. Ich habe überlegt, ob ich meine Erfahrungen niederschreiben soll. Aber ich weiß, dass man mit wenigen Worten die Umstände benennen kann, die Problemkatzen machen.

Es würde mich sehr freuen, wenn Sie aus diesem Büchlein wertvolle Hinweise erhalten haben, die das Zusammenleben mit Ihrem Tier positiv beeinflussen.

Übrigens: Tierpsychologe darf sich jeder nennen. Diese Berufsbezeichnung ist nicht geschützt. Sollten Sie die Hilfe eines Tierpsychologen in Erwägung ziehen, verlangen Sie ggf. einen Nachweis über die Qualifikation oder Ausbildung.

Achten Sie bitte darauf, dass ein guter Tierpsychologe grundsätzlich Ihr Tier in seinem normalen Lebensumfeld begutachtet, dass er Ihnen Löcher in den Bauch fragt, dass er mit Fragebögen arbeitet und dass er nur einmalig Geld verlangt, für alles, was mit diesem Problem zu tun hat.

Lassen Sie sich immer auch eine schriftliche Analyse geben, damit Sie etwas für Ihren Tierarzt in der Hand haben.

Ich wünsche Ihnen und Ihren tollen Vierbeinern von Herzen alles Gute.

Heike Heinz-Wittenberg

Katzen-Symphonie (Moritz von Schwind, 1868)
Staatl. Kunsthalle Karlsruhe